schloss wilhelmsthal
bei calden

MHK Broschüren, Bd. 8

Herausgeber **Museumslandschaft Hessen Kassel**
Projektsteuerung **Gisela Bungarten**
Projektbetreuung **Maria Schlag**
Lektorat **Sabina Köhler, Ulrike Paul, Maria Schlag, Astrid Arnold-Wegener**
Grafische Gestaltung **augenstern, Büro für Gestaltung**
Verlag **Schnell & Steiner GmbH, Leibnizstraße 13, 93055 Regensburg**
Druck **optimal media GmbH, Röbel/Müritz**

1. Auflage 2020
ISBN 978-3-7954-3546-2
Bibliographische Information der Deutschen Nationalbibliothek
Die Deutsche Nationalbibliothek verzeichnet diese Publikation in der Deutschen Nationalbibliographie; detaillierte bibliographische Daten sind im Internet über http://dnb.ddb.de abrufbar.

Alle Rechte vorbehalten. Ohne ausdrückliche Genehmigung des Verlags ist es nicht gestattet, dieses Buch oder Teile daraus auf fototechnischem oder elektronischem Weg zu vervielfältigen.

Die **Museumslandschaft Hessen Kassel** ist eine Einrichtung des Landes Hessen.

© 2020 Museumslandschaft Hessen Kassel, Verlag Schnell & Steiner GmbH

Schloss Wilhelmsthal bei Calden
MHK Broschüren, Bd. 8

Martin Eberle
Mit Beiträgen von Bernd Schreiber und Christoph Vogtherr

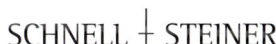

Inhaltsverzeichnis

SchlossErwachen – Bayern 6
SchlossErwachen – Preußen 9

Schloss Wilhelmsthal

Baugeschichte 16

Rundgang Erdgeschoss 39
    ① Vestibül 39
    ② – ⑦ Das Appartement des Landgrafen 40
    ⑧ Der Speisesaal 53
    ⑨ – ⑫ Die untere Südwohnung 56

Rundgang Obergeschoss 63
    ⑬ Das Haupttreppenhaus und der Vorsaal 63
    ⑭ – ⑱ Das Appartement der Landgräfin 65
    ⑲ Der Musensaal 73
    ⑳ – ㉓ Die obere Südwohnung 76

Hinter den Kulissen 84
    ㉔ Die Mansarde 84
    ㉕ Der Kirchflügel 88
    ㉖ Der Küchenflügel 90

Der Park 91

Literatur 100

Abbildungsnachweis 104

SchlossErwachen – Bayern

Bernd Schreiber
Präsident der Bayerischen Verwaltung der staatlichen Schlösser,
Gärten und Seen

Als traumhaft schöne Perle des Rokoko strahlt Schloss Wilhelmsthal inmitten der Museumslandschaft Hessen Kassel gleichsam mit doppeltem Glanz: Denn es war kein Geringerer als der bayerische Hofarchitekt François de Cuvilliés, der »Mit-Erfinder« des bayerischen Rokoko, der das elegante Lustschlösschen für den Statthalter und späteren Landgrafen Wilhelm VIII. von Hessen-Kassel entwarf. Und es ist der Bildhauer Johann August Nahl d. Ä., eine Hauptfigur des »Preußischen Rokoko«, dem Wilhelmsthal seine graziöse Innengestaltung verdankt. So beweist dieses gebaute Paradies des 18. Jahrhunderts, dass Preußen und Bayern im Zusammenwirken mehr sein können, als die Summe ihrer Teile: nämlich wahrhaft kreativ und bereichernd. Das mag vielleicht erstaunen, wenn man in der »Histoire de mon temps« nachliest, was Friedrich der Große über Bayern sagte: »Bayern ist das fruchtbarste Land Deutschlands und das mit dem geringsten Geist […] es ist das irdische Paradies bewohnt mit wilden Tieren.« Die gegenseitige Liebe wurde auch nicht gesteigert, als Preußen durch den Krieg von 1866 und die Schlacht bei Königgrätz die Vorherrschaft in ganz Deutschland übernahm. Im Simplicissimus schwelgt ein ehemaliger Hartschier in Erinnerungen an diesen Krieg, »als die Bayern zum letzten Mal auf Preußen schießen durften«.

Es heißt, das 18. Jahrhundert sei geprägt von einem Gleichklang der Interessen zwischen Bayern und Preußen. Bei Lichte betrachtet war aber den Kooperationen, die Bayern und Preußen auf politischem Gebiet auf die Beine gestellt haben, für Bayern nur moderat Erfolg beschieden – um es euphemistisch auszudrücken: Cuvilliés' Brotherr, Kurfürst-Kaiser Karl VII. Albrecht, schloss mit Friedrich II. ein Bündnis gegen den gemeinsamen Gegner, das Haus Habsburg. Der von Bayern 1740 ausgelöste Österreichische Erbfolgekrieg gegen Maria Theresia entwickelte sich für die bayerischen Großmachtträume zu einem Desaster, das eine langjährige Finanzmisere zur Folge hatte. Preußen hingegen nahm 1742/45 Schlesien ein. Die Finanzkrise des kaum noch handlungsfähigen Bayern ließ aber dem nun arbeitslosen Münchner Hofarchitekten Cuvilliés die freie Zeit, für Landgraf Wilhelm tätig zu werden. Den Erstkontakt wird wohl dessen entfernter Verwandter, der Kölner Kurerzbischof Clemens August, Bruder des bayerischen Kurfürsten Karl Albrecht, hergestellt haben, für den Cuvilliés die Schlösser Brühl und Falkenlust plante und dessen zahlreiche Diözesen teils an Hessen-Kassel angrenzten. In Kunstsachen stellte dies eine fruchtbare Nachbarschaft mit den Wittelsbachern dar.

Die Landgrafschaft Hessen-Kassel hat mit Bayern und Preußen im 18. Jahrhundert eher unliebsame Erfahrungen gemacht: Im Siebenjährigen Krieg, in dem Landgraf Wilhelm VIII. auf Seiten Friedrichs II. stand, wurde sein Territorium vielfach verwüstet. Hinzukommt die durch Bischof Clemens August beförderte Konversion Kronprinz Friedrichs zum Katholizismus einige Jahre zuvor, die im calvinistischen Hessen-Kassel eine Staatskrise auslöste.

Es spricht für die Offenheit und künstlerische Begeisterungsfähigkeit des Bauherrn, Wilhelm VIII., dass er einer bayrisch-preußischen Kunstkooperation an seinem Hof im wahrsten Sinne den »Raum« gab. Vielleicht hat der weitsichtige Landgraf erkannt, dass beide Künstler an den heimischen Höfen nicht immer einen leichten Stand hatten: Schließlich war der geborene Wallone – und als Hofzwerg titulierte – Cuvilliés nur auf verschlungenen Umwegen über Frankreich nach München gelangt, und Nahl wurde zeitweise von Friedrich II. steckbrieflich quer durchs Reich gejagt.

Schloss Wilhelmsthal, wie es sich heute dem Besucher präsentiert, zeigt offenkundig, dass das Projekt im fernen Kassel Cuvilliés gereizt und seine künstlerische Fantasie angeregt hat. Denn schließlich zählten die Aufträge Wilhelms VIII. zu den bedeutendsten, die Cuvilliés außerhalb Münchens planen und zu einem großen Teil auch realisieren durfte.

Vielleicht hat ihn auch der ursprüngliche Name des künftigen Bauplatzes, der zunächst »Amalienthal« lautete, inspiriert: Konnte er ihn doch an eine bayerische Amalia erinnern, die Gemahlin seines Hauptauftraggebers Kurfürst Karl Albrecht, für die er zwischen 1734 und 1739 sein wohl berühmtestes Bauwerk errichtete, die Amalienburg im Nymphenburger Schlosspark! Zwischen 1743 und 1756 lieferte Cuvilliés für Wilhelmsthal diverse Pläne, nach denen zunächst der Grottenpavillon mit seiner elegant zurückhaltenden Fassade entstand, die wirkungsvoll von den rahmenden Wasserspielen inszeniert wird. Im Anschluss errichtete man die seinerzeit berühmten, jedoch im Jahr 1800 abgetragenen »Chinesenhäuser« am »Ententeich«. Auch eine imposante Kaskade, die der späteren Umwandlung des Gartens in einen englischen Landschaftspark geopfert wurde, floss aus Cuvilliés Zeichenfeder, denn als rechtes bayerisches Multitalent war er natürlich auch in der Ingenieurs- und Wasserbaukunst erfahren. Des Weiteren kamen aus München Pläne für ein neues Galeriegebäude, das die berühmte Bildersammlung des Landgrafen aufnehmen sollte und das Cuvilliés vor ähnliche Aufgaben gestellt haben mag, wie die Ausgestaltung der berühmten Grünen Galerie in der Münchner Residenz, die er kurz zuvor, 1737, vollendet hatte. Der Grundstein zum Wilhelmsthaler Schlossgebäude selbst wurde schließlich 1753 gelegt.

Noch heute zeigt die Erfahrung, das auch »zugeroaste« Bayern, wie Cuvilliés, das Land der Berge und Seen nur ungern verlassen. So ist der entwerfende Architekt Cuvilliés tatsächlich nur einmal, 1749, persönlich in Wilhelmsthal erschienen. Und dies ohne vor Ort viel von seinen Plänen preisgegeben zu haben, sodass seine »Geheimnisse, oder ich will lieber sagen, seine Gedanken undurchdringlich waren«, wie die Tochter des Kasseler Hofarchitekten Du Ry maliziös vermerkt, der auf der Wilhelmsthaler Baustelle nicht mitwirken durfte. Zum Glück für uns kommunizierte Cuvilliés besser als mit Worten aus der Ferne über detaillierte und großartige Bauzeichnungen, die teilweise noch heute in den Kasseler Archiven verwahrt liegen. Ein rechter Schatz, der zu grenzübergreifender Zusammenarbeit der Museumslandschaft Hessen Kassel und der Bayerischen Schlösserverwaltung einlädt.

Im Zuge der Wilhelmsthaler Planungen entstanden auch Cuvilliés erste, feinst ausgearbeitete Entwürfe für ein intimes, aus grazilen Rokokoformen gebildetes Komödienhaus, ein höfisches Theater, dessen Logenränge von weiß-gold gefassten Palmbäumen und elegant gestreckten Atlanten getragen werden sollten. Dieses gegenüber dem Kasseler Residenzpalais geplante Kleinod blieb schon in der Planungsphase stecken. Ein Glück für München: Denn in der bayerischen Residenz vermochte Cuvilliés sein Projekt, auf die Maßstäbe eines kurfürstlichen Opernhauses vergrößert, ab 1750 doch noch umzusetzen: Als Cuvilliés-Theater gehört seine erstmals in Kassel greifbare Schöpfung heute zu den kostbarsten Schätzen der Bayerischen Schlösserverwaltung und bezaubert unzählige Besucherinnen und Besucher.

Leicht abgewandelter Redebeitrag zur Saisoneröffnung im Schloss Wilhelmsthal am 4. Mai 2019

SchlossErwachen – Preußen

Christoph Martin Vogtherr
Generaldirektor der Stiftung Preußische Schlösser und Gärten Berlin-Brandenburg

Wilhelmsthal ist ein echtes Kind des 18. Jahrhunderts – und für diese Epoche gleichzeitig typisch und herausragend: Es vereint Einflüsse und neugierige Beziehungen in die unterschiedlichsten Richtungen. Für das künstlerische Netzwerk der Aufklärungszeit um Wilhelmsthal stehen stellvertretend Johann August Nahl d. Ä. und François de Cuvilliés.

Kommt man aus Potsdam ins Nordhessische, richtet man das preußisch justierte Auge auf Wilhelmsthal, so ist das Schloss zunächst fremd und dann später ganz vertraut. Der erste Blick fällt natürlich auf den Außenbau: Hier erscheint das Schloss fast schwebend und nahezu un-architektonisch. Seine Gliederung ist zurückhaltend und elegant. Das Schloss heißt auf kultivierte und maßvolle Weise willkommen. Es vermeidet die große Geste, aber auch eine klare, klassische Struktur. Die Raffinesse hinter seiner wie harmlosen Freundlichkeit offenbart sich erst auf den zweiten Blick.

Die Potsdam-Berliner Architektur derselben Mitte des 18. Jahrhunderts unterscheidet sich davon grundlegend. Georg Wenzeslaus von Knobelsdorff, der erste Architekt Friedrichs II. von Preußen, baute in den 1730er und 40er Jahren für den König und etablierte hier eine klassische Norm, die trotz einer freien Rokokodekoration immer spürbar blieb. Knobelsdorff war ein Meister der klassischen Säulenordnung und der scheinbar einfachen Fassade, der leeren Flächen und der gezielten Dekoration.

Zwei von Friedrichs ersten großen Bauten, die Knobelsdorff für ihn errichtete, waren mit antiken Skulpturen gefüllt. Gleich zu Beginn seiner Regierung hatte Friedrich mit großem finanziellen Aufwand die Antikensammlung des Kardinals Polignac erworben, deren Werke nun die preußischen Königsschlösser bevölkerten. Dieser Anspruch und das Maß der Antike blieben bei Friedrich im Laufe seiner Regierungszeit eine Konstante, steigerten sich mit dem beginnenden Klassizismus sogar noch. In Potsdam und Berlin herrschte eine grundlegend andere Architekturauffassung als hier in Wilhelmsthal.

Ganz anders dann in den Innenräumen von Schloss Wilhelmsthal. Aus Charlottenburg oder Sanssouci kommend fühlt man sich hier zu Hause und erkennt sofort die überbordende, dekorative Fantasie Johann August Nahls d. Ä., wie sie aus Sanssouci oder Charlottenburg vertraut ist. Nahl war der größte und geistreichste Entwerfer von Rokokodekorationen im nördlichen Deutschland, der zuerst in Preußen arbeitete, später dann in Wilhelmsthal. Hier spüren wir Nahls unvergleichliche Qualität, seiner großen Freiheit der Erfindung im richtigen Augenblick die Zügel anzulegen. Seine Dekorationen geben den architektonischen Strukturen der Räume Leben und testen deren Grenzen aus – und dies mit großem Respekt für den Kontext. Wenn hier in Wilhelmsthal in den Dekorationen ein geflochtener Korb instabil auf einem dünnen Sims balanciert, dann spielt Nahl mit der architektonischen Gliederung, weist aber gleichzeitig wunderbar ironisch auf sie hin. Dieser Korb scheint nur deshalb hinunterzugleiten, weil wir ihn auf die Horizontale der Wandgliederung beziehen, die Nahl zum Ausgangspunkt nimmt. Seine Instabilität betont gleichzeitig das Regelmäßige des Raums.

Nahls allererstes bekanntes Werk waren die Innendekorationen des Palais Rohan in Straßburg. Hier arbeitete er zwischen 1736 und 1741 unter einem lokalen Bauleiter nach Plänen des großen Pariser Architekten Robert de Cotte. Wie in Wilhelmsthal erkennt man auch in Straßburg sofort Nahls Anteil. Er unterstützte dort die ausgewogene Eleganz der Entwürfe de Cottes – so wie er das in Wilhelmsthal mit Cuvilliés' Architektur tat. Auf den zweiten Blick erkennt man in Straßburg deutlich, dass die Stuckaturen und Schnitzereien von keinem Pariser Team stammen, wie man es dort vielleicht vermuten könnte. Nahls Ornament beansprucht im Gesamtzusammenhang selbstbewusst Aufmerksamkeit und reibt sich in seiner kraftvollen Asymmetrie zu deutlich an dem eleganten Gesamtentwurf de Cottes.

Dieser erste große Straßburger Auftrag hatte Folgen. In Straßburg wurde der preußische König auf Nahl aufmerksam. Friedrich II. von Preußen gilt als Kunstkenner, doch war er nach den Standards seiner Zeit außergewöhnlich wenig gereist. Einer seiner ganz seltenen Auslandsaufenthalte führte ihn im Sommer 1740 für einige Tage und inkognito nach Straßburg. Wir wissen, dass er das Straßburger Münster besichtigte – und wir können deshalb sicher annehmen, dass er auch einen Blick auf die unmittelbar benachbarte Baustelle des Palais Rohan warf. Friedrich hatte 1740, zu Beginn seiner Herrschaft, große Ambitionen als königlicher Bauherr – und hier sah er seine erste und einzige französische Schlossbaustelle. Der junge deutsche Stuckateur Johann August Nahl d. Ä. ist ihm vielleicht aufgefallen – auf jeden Fall war Nahl dann schon anderthalb Jahre später, 1742, in Berlin und Potsdam tätig, wo er in Charlottenburg, dem Potsdamer Stadtschloss, Sanssouci und der Berliner Oper an einigen der großen Meisterwerke des friderizianischen Rokoko mitarbeitete. Nahls feines Spiel mit dem französischen Entwurf de Cottes wird Friedrich wahrscheinlich entgangen sein; die Qualität der Arbeit hat er anscheinend bemerkt.

Schon 1746 verließ Nahl Preußen in Richtung Schweiz, anscheinend schwer frustriert von den Arbeitsbedingungen am preußischen Hof. Doch die Wertschätzung für seine Leistung blieb in Preußen lebendig. Matthias Oesterreich, der Aufseher der königlich-preußischen Kunstsammlungen, schrieb in einem Führer durch die Königsschlösser von Berlin und Potsdam noch 1773: »Die Auszierungen von Gips sind die Zeichnung und Arbeit des Bildhauers und Decorateurs Nahl, eines der geschicktesten Künstler in dieser Art der gegenwärtigen Zeiten. Es kam derselbe 1745 nach Berlin [mit dem Datum irrte Oesterreich 30 Jahre später] und lebt anjetzt zu Cassel, woselbst ihm Se. Durchlaucht der Landgraf, so seine Talente sehr schätzet, Arbeit und Versorgung giebt.«

Womit wir nach Straßburg und Potsdam in Calden angekommen sind.
1743 hielt sich der spätere Landgraf Wilhelm VIII. von Hessen-Kassel in Berlin bei Friedrich II. auf. Zu dieser Zeit waren viele der Großbauten Friedrichs in Arbeit – und wir können als sicher annehmen, dass er diese Baustellen besichtigt hat. Sein Besuch hatte auf jeden Fall eine unmittelbare architektonische Folge: 1744-49 entstand in Wilhelmsthal die Grotte nach einem Entwurf von Friedrichs Architekten Knobelsdorff. Wilhelm war also offensichtlich von den preußischen Hofkünstlern beeindruckt. Knobelsdorff war für ihn auch ein Tor nach Frankreich, denn der Architekt war kurz zuvor aus Paris zurückgekehrt, wo er die neueste Pariser Architektur studiert hatte. Die Grotte ist stark französisch geprägt. Die Idee für den Entwurf mag Knobelsdorff sogar von einigen Gemälden des Franzosen Nicolas Lancrets in der Sammlung Friedrichs gekommen sein, der ähnliche Parkszenen darstellte.
Kurz nach diesem ersten preußischen Intermezzo begann in Wilhelmsthal die Arbeit nach Cuvilliés' Entwürfen – der Münchener Architekt trug einen anderen Blick auf

die französische Architektur bei, durch eine bayerische Brille. 1753 wurde der Grundstein für den Corps de logis nach Cuvilliés' Entwürfen gelegt – und schon ein gutes Jahr später wurde Nahl für Hessen-Kassel angeworben. Der Protestant Nahl ersetzte wegen der politisch heiklen Situation am hessischen Hof den Katholiken Cuvilliés. Landgraf Wilhelm hatte Nahl zehn Jahre zuvor in Berlin und Potsdam bei der Arbeit erlebt und ihn jetzt in der Schweiz aufgetrieben. Denn schon 1746 war Nahl ja bekanntlich aus Berlin geflohen und hatte sich dort niedergelassen. Nahl war also kein Preuße, als Wilhelm ihn anwarb. Tatsächlich hatte dieser Status Nahl nach seiner Flucht aus Berlin gerettet: Friedrich II. konnte seiner, eines Straßburger Bürgers in der Schweiz, nicht habhaft werden, die Auslieferung nicht erreichen.

Tatsächlich scheint dies alles zusammen eine komplizierte Geschichte zu ergeben. Nahl, ein in Berlin geborener Künstler aus Franken, arbeitete in Straßburg für einen Pariser Architekten, de Cotte, wurde dort vom preußischen König angeworben und wirkte an den wichtigsten preußischen Staatsbauten mit, floh in die Schweiz, um dann einen bayerischen Kollegen am hessischen Hof zu ersetzen. Kompliziert wird diese Geschichte erst durch unsere heutigen Kategorien. Was alle Beteiligten dagegen verbindet, ist Frankreich. Wilhelm und Friedrich, Knobelsdorff, Cuvilliés und Nahl wollten bauen wie in Frankreich, und taten das auf ihre jeweils eigene Weise – mal klassischer, mal freier, mal parisisch, mal mit Distanz.

So sehen wir Nahls subtile Balance zwischen freiem Ornament und klarer Gliederung in Wilhelmsthal heute gerne als ›preußisch‹. Tatsächlich hat sie in Preußen ihren perfektesten Ausdruck gefunden hat. Entwickelt hatte Nahl seinen Stil aber in Straßburg – bevor er auch nur ahnte, dass er jemals in Preußen arbeiten würde. Er hat ihn dann in Hessen angewandt und weiterentwickelt – nachdem er aus Preußen geflohen war.

Das Beispiel warnt uns also, lokale Traditionen oder gar so etwas wie regionale Charaktere überzubewerten. Cuvilliés und Nahl in Wilhelmsthal – das ist eher ein Lehrbeispiel für den Austausch quer durch Europa, wie er für das 18. Jahrhundert so typisch (und auch so sympathisch!) ist. Der hessische Landgraf hatte ebenso wenig ein Interesse daran, hessisch zu bauen, wie der preußische König preußische Architektur wollte. Die Hofkunst der Epoche war immer die Frucht des Austauschs, sie entstand durch ihn und wird durch ihn definiert.

Diese Hofkunst war nicht nur europäisch-überregional, sie war auch kollektiv. Entwurfs- und Ausführungsebene, externe Gutachter und lokale Bauleiter, Experten und durchreisende Künstler zusammen haben dieses großartige Ergebnis erzielt. Es ist nicht das Werk eines Künstlers (oder einer Künstlerin). Wilhelmsthal ist kein Werk Cuvilliés', Knobelsdorffs oder Nahls, sondern dies alles und viel mehr zur selben Zeit.

Wilhelm ging es offenbar nicht um bayerischen oder preußischen Einfluss, sondern um die besten im Alten Reich erhältlichen Experten, die ein grundlegendes Wissen über neueste französische Entwicklungen mitbrachten. Wir sehen hier französische Planung, Architektur und Dekoration in verschiedenen persönlichen und regionalen Akzenten. In Wilhelmsthal kommen sie auf kreative und harmonische Weise zusammen.

Leicht abgewandelter Redebeitrag zur Saisoneröffnung im Schloss Wilhelmsthal am 4. Mai 2019

Schloss Wilhelmsthal, Hofseite

Schloss Wilhelmsthal

Baugeschichte

Zu einem der Höhepunkte der deutschen, sicherlich auch europäischen Schlossbaukunst gehört das unweit von Kassel gelegene Schloss Wilhelmsthal, das auf einmalige Weise Elemente des bayerischen und preußischen Rokoko zu einer untrennbaren Einheit verbindet. Zusammen mit dem das Schloss umgebenden Park entstand hier ein Juwel europäischer Kunst.

Durch die nahezu geradeaus verlaufende Rasenallee ist Schloss Wilhelmsthal mit Schloss Wilhelmshöhe verbunden. Bereits im 12. Jahrhundert ist hier die Siedlung Amalgateshuson (Amalgodesen, Amelgodesen) nachweisbar, für die sich später die Bezeichnung Amalgotzen durchsetzte. Ursprünglich im Besitz des Benediktinerklosters Helmarshausen, ging das Gut in den Besitz der Familie von Schachten über. 1643 erwarb es dann Amalie Elisabeth von Hessen (1602–1651), Gemahlin Wilhelms V. (1602–1637), die nach dem Tod ihres Gatten die Regentschaft für ihren noch unmündigen Sohn, Wilhelm VI. (1629–1663), innehatte. Wohl plante die Fürstin das bescheidene Landgut, in dessen Fundamenten des Hauptgebäudes man eine von einem Graben und einem Teich umgebene Wasserburg vermuten darf, zu ihrem Sommersitz auszubauen, und so gab sie der Anlage ihren Namen: Amalien- bzw. Amelienthal. Zu einem Umbau der Anlage kam es allerdings durch den frühen Tod der Fürstin 1651 nicht mehr.

Die nachfolgenden Besitzer aus der landgräflichen Familie zeigten wenig Interesse an dem Landsitz, der zeitweise verpachtet wurde. Schließlich erhielt Erbprinz Friedrich (1676-1751) das Gut, der es allerdings innerhalb der Familie weiter verschenkte. Seit 1715 mit Ulrike Eleonore (1688-1741), der Schwester König Karls XII. von Schweden (1682-1718), verheiratet, wurde er 1720 König von Schweden. Nach dem Tod seines Vaters im Jahr 1730 war Friedrich nominell auch Landgraf von Hessen-Kassel, doch blieb er durch die schwedische Verfassung an seine Residenz in Stockholm gebunden. So wurde die Regierung über Hessen-Kassel auf seinen jüngeren Bruder, den späteren Landgrafen Wilhelm VIII. (1682–1760, reg. ab 1751), übertragen.

Prinz Wilhelm war als 17-Jähriger in den Heeresdienst der niederländischen Generalstaaten eingetreten – eine militärische Laufbahn, wie sie für die nachgeborenen Söhne eines Fürsten üblich war. Während des Spanischen Erbfolgekrieges (1701–1714) führte Wilhelm ein holländisches Reiterregiment und stieg zum Generalmajor der Kavallerie auf. 1712 wurde ihm das Gouvernement der Festung Breda, ab 1723 das des prestigeträchtigeren Maastricht übertragen. Durch den langen Aufenthalt in den Niederlanden wusste er die niederländische Kultur sehr zu schätzen, insbesondere aber die Kunst. Als Gouverneur konnte er ausreichende Mittel nachweisen, um eine umfangreiche Gemäldegalerie einzurichten, eine Leidenschaft, der er auch noch später nachging. Über ein Netz von Händlern gelangen ihm bedeutsame Ankäufe, die noch heute den Glanz der Kasseler Gemäldesammlung ausmachen.

Philip van Dijk, Porträt Prinz Wilhelm (Landgraf Wilhelm VIII.) von Hessen Kassel, 1736, MHK, Gemäldegalerie Alte Meister

1727 kehrte Wilhelm nach Kassel zurück und unterstützte seinen von Krankheit gezeichneten Vater bei den Regierungsgeschäften. So war es nach dem Tode des Vaters nur allzu natürlich, dass sein älterer Bruder, der König von Schweden, Wilhelm als Statthalter mit weitreichenden Vollmachten einsetzte. 1736 fiel dann die Grafschaft Hanau an Hessen-Kassel und Friedrich von Schweden übertrug sie an Wilhelm, der hier im eigenen Namen regieren konnte.

Seit 1717 war Wilhelm mit Dorothea Wilhelmine von Sachsen-Zeitz (1691–1743) verheiratet, mit der er drei Kinder hatte: Karl (1718–1719), der nur ein Jahr alt wurde, Erbprinz Friedrich (1720–1785), ab 1760 Landgraf Friedrich II., und die früh verstorbene Maria Amalie (1721–1744). Wilhelm gelang es, Friedrich mit Marie von Großbritannien (1723–1772) zu verheiraten, eine äußerst prestigeträchtige Eheverbindung zwischen dem Haus Hessen und dem englischen Königshaus. Allerdings entwickelte sich diese Ehe trotz vier gemeinsamer Kinder genauso unglücklich wie die des Vaters: Denn außer über die Kinder scheinen nur wenige Beziehungen zwischen Wilhelm und Dorothea Wilhelmine bestanden zu haben. Die Fürstin verfiel wohl früh in eine Geisteskrankheit und lebte spätestens seit Mitte der 1720er Jahre mehr oder weniger isoliert von der Familie.

Auf Veranlassung ihres Mannes erwarb Dorothea Wilhelmine 1723 das Gut Amelienthal von Wilhelms unverheiratetem Bruder, Prinz Georg (1691–1755), der ebenso einer militärischen Laufbahn nachgegangen war. Zunächst wurde das Landgut vermessen und ein detaillierter Lageplan erstellt, vermutlich in der Absicht, hier einen repräsentativeren Landsitz zu errichten. Da Wilhelm nur als Statthalter fungierte, konnte er sich keine Residenz errichten, und so folgte man bei den Planungen dem Vorbild des damals in Frankreich modernen Typus einer »maison de plaisance«.

Die »maison de plaisance«

»Maison de plaisance« lässt sich gleichermaßen mit Landgut und Lusthaus übersetzen. Dieser Typus der Schlossbaukunst entwickelte sich bereits in der zweiten Hälfte des 17. Jahrhunderts in Frankreich und hielt sich während des gesamten 18. Jahrhunderts in Europa. Das Leben in den Residenzen des Barock war durch eine strenge Etikette geprägt, die dabei ganz den hierarchischen Rang der Hofgesellschaft berücksichtigte. So bestanden zum Teil ausgesprochen detaillierte Regelungen für das alltägliche Leben vom Aufstehen des Fürsten (»lever«) bis zu dessen Zubettgehen (»coucher«). Durch die Etikette wurde zwar die herausragende Rolle des Fürsten innerhalb der Hofgesellschaft betont, zugleich war er aber in seiner freien Lebensführung eingeschränkt. So suchte man Mittel und Wege, der Etikette zu entkommen, was in den »maisons de plaisance« möglich war. Bereits der französische Sonnenkönig, Ludwig XIV. (1638–1715), ließ sich mit dem »Grand Trianon« (1687/88) ein solches Lustschloss anlegen, in das er sich zurückziehen konnte. In Deutschland sind für diesen Typus das Palais im Großen Garten in Dresden (1678–1683), Schloss Favorite in Rastatt (1710–1730), das Jagdschloss Falkenlust in Brühl (1729–1737) oder die Amalienburg in München (1734–1739) herausragende Beispiele. Eine Sonderform stellt Schloss Sanssouci in Potsdam (1745–1747) dar, das der preußische König Friedrich II. (1712–1786) von Mai bis Oktober gewissermaßen als Residenz bewohnte. Auch wenn der Fürst und die Hofgesellschaft in einer »maison de plaisance« von der Etikette und den strikten Rangunterschieden in Teilen befreit waren, um den Vergnügungen der Zeit nachzugehen – der Liebe, der Jagd, der Literatur, Musik und Malerei – so war die Raumfolge der Appartements, der fürstlichen Wohnungen, weiterhin an der in den Residenzschlössern orientiert und wies ein oder mehrere Vorzimmer, das Schlafzimmer und das Kabinett auf. Einzig das Audienzzimmer fehlte, das durch einen großen Salon ersetzt wurde, in dem sich die Gesellschaft zusammenfinden konnte.

Erste Entwürfe für einen Neubau in Amelienthal sind auf das Jahr 1730 datiert und stammen von dem aus Den Haag kommenden Architekten Pieter Jacobsz. Roman (1676 – nach 1733), der wohl ab 1720 für die Landgrafen von Hessen-Kassel tätig war. Allerdings scheinen die Vorschläge wenig Anklang gefunden zu haben, denn bereits 1731 bat Wilhelm den für Kurfürst Clemens August von Köln (1700–1761) tätigen Architekten Michael Leveilly (1694/95–1762) und 1732 den in Stockholm tätigen Architekten Carl Hårleman (1700–1750) um weitere Entwürfe, die allerdings nicht bekannt sind. So kamen die Planungen für Amelienthal ins Stocken, bis 1743 Dorothea Wilhelmine starb, und das Anwesen nun in das Eigentum von Wilhelm überging.

Pieter Jacobsz. Roman, Skizze zum Schlossprojekt Amelienthal, 1730, MHK, Graphische Sammlung

Wohl über den Kurfürsten von Köln gelangte Wilhelm in Kontakt mit einer einzigartigen Künstlerpersönlichkeit: François de Cuvilliés (1695–1768). Clemens August war zugleich Bischof von Paderborn und so pflegte Wilhelm – obgleich die beiden durch die Konfession getrennt waren – gute nachbarschaftliche Beziehungen: Man stattete sich gegenseitig Besuche ab und teilte die gemeinsame Leidenschaft für Jagd, Kunst und Bauvorhaben. Bereits Leveilly war womöglich auf diese Weise vermittelt worden, wie nun auch der erfolgreiche Architekt Cuvilliés.

Die Amalienburg im Nymphenburger Schlosspark, Westseite © Bayerische Schlösserverwaltung

François de Cuvilliés (1695–1768)

Der kleinwüchsige Wallone Cuvilliés trat 1708 als Hofzwerg in den Dienst beim bayerischen Kurfürsten Maximilian II. Emanuel (1662–1726), der aufgrund des Spanischen Erbfolgekrieges zu dieser Zeit im niederländischen und französischen Exil lebte. Der Kurfürst ließ den begabten Jungen zusammen mit den Edelknaben erziehen und im Festungsbauwesen ausbilden. Nach der Rückkehr Maximilian Emanuels nach Bayern 1714 übergab man Cuvilliés dem dortigen Oberhofbaumeister Joseph Effner (1687–1745) zur weiteren Ausbildung, die mit einem Studienabschluss zwischen 1720 und 1724 an der Pariser Académie royale d'architecture ihr Ende fand. Wieder in München wurde er zunächst als Hofbaumeister eingestellt. Mit dem Tod Kurfürst Maximilian Emanuels 1726 trat sein Sohn Karl Albrecht (1697–1745), der spätere Kaiser Karl VII., die Thronfolge an. Er förderte nachhaltig Cuvilliés unter Zurücksetzung von Effner. Ab dieser Zeit entstanden am Münchner Hof Meisterwerke des deutschen Rokoko, denn obgleich der Wallone stark von der französischen Kunst seiner Zeit beeinflusst war, entwickelte er eine eigene, selbstständige Formensprache, die sich gleichermaßen in der von ihm geschaffenen Architektur wie Innenarchitektur finden lässt. Zu diesen Meisterwerken gehören die »Reichen Zimmer« der Münchner Residenz (1730–1737), das Cuvilliés-Theater (1751–1755) und vor allem die Amalienburg im Schlosspark von Nymphenburg (1734–1739). Auch für den Bruder von Karl Albrecht, Erzbischof Clemens August von Köln, wurde Cuvilliés tätig und richtete zwischen 1728 und 1730 das Gelbe Appartement im Brühler Schloss ein und erbaute das Jagdschloss Falkenlust im Brühler Schlosspark (1729–1737). Nach dem Tod Karl Albrechts sank die Gunst des Architekten am bayerischen Hof, was unter anderem auf dessen mangelnde Deutschkenntnisse und sein Fehlen im Hofbauamt zurückzuführen sein dürfte. Nach einem zweiten Studienaufenthalt in Paris 1755/56 wurde Cuvilliés zwar weiterhin in Bauprojekte, wie die Umgestaltung des Hauptschlosses in Nymphenburg, involviert, doch blieben große, selbstständige Aufträge des Hofes weitestgehend aus. Neben seiner Bautätigkeit veröffentlichte Cuvilliés zwischen 1738 und 1756 mehr als fünfzig Bücher zur Innenausstattung von Räumen. Die dort verwendeten Graphiken trugen erheblich zur Ausbreitung des Rokoko in Deutschland und Europa bei. Als Cuvilliés in den Dienst Wilhelms von Hessen trat, konnte er also nicht nur eine Reihe von bedeutenden Bau- und Innengestaltungsprojekten nachweisen, sondern stand wahrhaft auf dem Zenit seiner Karriere.

Ab 1745 begannen die Planungen und der Bau von Schloss Wilhelmsthal durch Cuvilliés, die sich bis 1761 hinziehen sollten. Parallel hierzu übertrug Wilhelm noch zwei weitere Projekte in Kassel an den bayerisch-wallonischen Architekten: ein Komödienhaus gegenüber dem Residenzschloss und einen Anbau an das Palais in der Oberneustadt, der unter anderem die Gemäldesammlung des Statthalters aufnehmen sollte. Die Planungen für Wilhelmsthal erfolgten überwiegend von München aus. Erst 1749 kam es zu einem siebenwöchigen Aufenthalt Cuvilliés' in Kassel in Zusammenhang mit den beiden anderen Bauvorhaben, von denen letztlich nur der Galeriebau in veränderter Form realisiert wurde.

Während Cuvilliés die Planungen für die »maison de plaisance« Wilhelms übernahm, oblag die Bauausführung dem Hofbaumeister Charles du Ry (1692–1757) und später dessen Sohn, Simon Louis du Ry (1726–1799). Dieser studierte anfänglich noch in Stockholm und Paris, lieferte aber bereits von dort zwei Entwurfsserien. 1756 wurde ihm die Bauleitung für Wilhelmsthal übertragen. Auf die eigentlichen Planungen aber hatte er keinen Einfluss, wenngleich seit Mitte des 19. Jahrhunderts Vater und Sohn Du Ry als Schöpfer des eleganten Baus galten. Anscheinend verliefen die Verhandlungen zwischen dem calvinistischen Auftraggeber Wilhelm und dem katholischen Architekten Cuvilliés ausgesprochen diskret, sodass der eigentliche Schöpfer des Werkes bereits nach wenigen Jahrzehnten vergessen war.

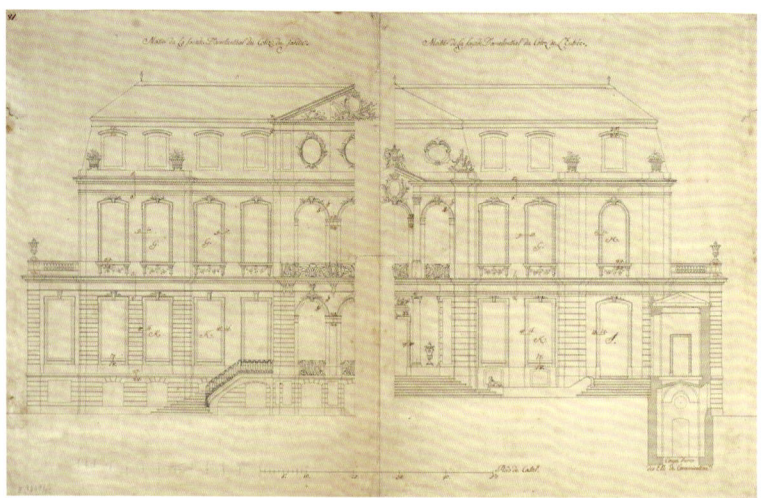

Carl Albert von Lespilliez, Entwurf für die Hof- und Gartenfassade von Schloss Wilhelmsthal, vor 1753, MHK, Graphische Sammlung

1745 übersandte Cuvilliés die ersten Auf- und Grundrisse für das Schloss, das die alte Wasserburg durch eine moderne Dreiflügelanlage ersetzen sollte. Bereits 1746 begannen die Bauarbeiten am nördlichen, später als »Kirchflügel« bezeichneten Seitentrakt. 1749 stand der Rohbau, in dem eine kleine Übergangswohnung für den Landgrafen eingerichtet wurde, die aus einem Vorzimmer, Schlafzimmer und Kabinett bestand und somit der Etikette genügte. Diese Räume haben sich noch erhalten. Im Geschoss darüber befanden sich zwei weitere Wohnungen, während in der Mansarde die Dienerschaft untergebracht werden konnte. Gegenüber dem fürstlichen Appartement im Erdgeschoss lag ein kleiner Ecksaal, der später zur Kirche umgebaut wurde.

1748 begann man mit dem Bau des Südflügels, doch führte der feuchte Untergrund zu großen statischen und technischen Problemen. Unter anderem wurden Simon Louis du Ry und der Bauleiter Johann Georg Fünck (1721–1752) von Wilhelm in die Niederlande beordert, um sich dort über die wasserdichte Bauweise von Kellergeschossen kundig zu machen. Letztlich löste man das Problem durch ein Entwässerungssystem aus unterirdischen Kanälen und Überlaufbrunnen. Zusätzlich verwendete man Tafelblei und ölgetränkte Steine für das Fundament. In diesem Flügel wurden neben weiteren Gäste- und Dienerzimmern vor allem die Küche und weitere Funktionsräume untergebracht, weshalb der Flügel später den Namen »Küchenflügel« erhielt.

Während der Errichtung der beiden Seitenflügel schritten auch die Planungen für das Corps de logis, den Mittelbau, voran, für dessen Fassade immer wieder alternative Vorschläge eingereicht wurden. Die Zeichnungen hierfür stammen wohl nicht aus der eigenen Hand Cuvilliés, sondern wurden nach seinen Vorlagen ausgeführt oder kopiert, so etwa von Carl Albert von Lespilliez (1723–1796).

Die Planungen des Haupthauses benötigten eine Überarbeitung, weil es 1751 zu einem politischen Ereignis gekommen war: In Schweden verstarb König Friedrich, Bruder Wilhelms, der keine ehelichen Nachkommen hinterließ. Deshalb stieg nun der Statthalter auf als Landgraf Wilhelm VIII. Statt für den Privatgebrauch entstand nun das Landgut in Wilhelmsthal für einen regierenden Fürsten.

Für den 28. Mai 1753 war die Grundsteinlegung des Corps de logis vorgesehen. Diese erfolgte tatsächlich aber erst am 14. Juli, womit die entscheidende Bauphase eingeläutet worden war. Wie bereits Fünck im Jahr 1746 wurde nun auch der mit der Bauleitung beauftragte Heinrich Wilhelm Huth (1717–1806) nach München geschickt, um mit Cuvilliés die Pläne zu besprechen. Nach dem Aufenthalt des Architekten in Kassel 1749 kam es zu keiner weiteren unmittelbaren Unterredung mehr, doch tauschte man sich weiterhin schriftlich und mittels Zeichnungen über das Baugeschehen aus. Während die Anordnung aller Räume in der Verantwortung von Cuvilliés lag, wurde er, der »Meister des bayerischen Rokoko«, für die Innenausstattung nicht herangezogen. 1754 riss der Kontakt mit Cuvilliés wohl ganz ab. Der Grund hierfür waren dramatische politische Entwicklungen.

1754 wurde bekannt, dass der Erbprinz Friedrich bereits 1749 unter dem Einfluss des Kölner Kurfürsten Clemens August zum Katholizismus übergetreten war. Noch spielte auch im Zeitalter der Aufklärung die Konfession eine entscheidende politische Rolle. Gerade in Hessen, das sich im 16. Jahrhundert so glühend für den neuen Glauben eingesetzt hatte, war die Konversion des Erbprinzen ein dramatischer Akt. Der überzeugte Calvinist Wilhelm war von seinem Sohn besonders enttäuscht, wobei das Verhältnis zwischen Vater und Sohn bereits zuvor schwierig gewesen war.. Friedrich musste die sogenannte »Assekurationsakte« unterzeichnen, die nach dem Tod Landgraf Wilhelms VIII. jede katholische Einflussnahme auf Hessen verhindern sollte. Weiterhin entzog man dem Erbprinzen die Erziehungsgewalt über seine Söhne. Sein Vater übertrug die Grafschaft Hanau-Münzenberg Friedrichs ältestem Sohn Wilhelm, für den die Mutter, die englische Prinzessin Marie, bis zum Eintritt der Volljährigkeit ihres Sohnes 1764 die Regentschaft übernahm. Die Ehe von Friedrich und Marie wurde getrennt, nicht geschieden, um eine neuerliche Verbindung des Erbprinzen gar mit einer katholischen Prinzessin zu verhindern.

Natürlich musste sich Wilhelm auch vom Kurfürsten von Köln getäuscht fühlen, der den Erbprinzen mit dem katholischen Glauben vertraut gemacht hatte. Unter anderem kam es wohl deshalb dazu, dass man sich von Cuvilliés trennte.

Bild einer Ehe

Vermutlich bereits zu Wilhelms Lebzeiten befindet sich im Schreibkabinett der landgräflichen Wohnung ein Gruppenporträt. Das kleinformatige Interieurbild zeigt eine intime, familiäre Szene. Den Mittelpunkt nimmt dabei Marie, geborene Prinzessin von England und Gemahlin des Erbprinzen ein, umgeben von ihren drei lebenden Kindern. Mit Erbprinz Friedrich hatte sie vier Kinder, den frühverstorbenen Wilhelm (1741–1742), den späteren Landgrafen Wilhelm IX. (1743–1821, reg. 1785–1806 und 1813–1821, ab 1803 als Kurfürst Wilhelm I.), Karl (1744–1836) und Friedrich (1747–1837), den späteren Landgrafen von Hessen-Rumpenheim. Die Familie wendet sich liebevoll dem Porträt ihres Schwiegervaters, Landgraf Wilhelm VIII., zu, das von dem Maler des Bildes, Johann Heinrich Tischbein d. Ä., präsentiert wird. Etwas eigentümlich eingeklemmt zwischen dem Stuhl, auf dem seine Gemahlin sitzt, und einem Tisch wirkt der Erbprinz, der zudem dem Porträt seines Vaters den Rücken weist. Friedrich war ursprünglich nicht Teil des Bildes, sondern ließ sich von Tischbein wohl erst 1772, nach dem Tode seiner Gemahlin, hineinmalen. Das Fehlen seiner Person erklärt sich aus dem familiären Zwist zwischen Landgraf Wilhelm VIII. und Friedrich, der zum katholischen Glauben übergetreten war. Seine Kinder und seine Frau waren Friedrich entzogen worden. Als der Erbprinz nach dem Tode seines Vaters 1760 selbst als Landgraf Friedrich II. regierte, suchte er die Aussöhnung mit seinen Söhnen, die er seit der Trennung 1754 nicht gesehen hatte.

Johann Heinrich Tischbein d. Ä., Erbprinz Friedrich von Hessen-Kassel und seine Familie, 1754, ergänzt nach 1772, Kabinett des Landgrafen

Dennoch schuf Cuvilliés mit dem Bau Herausragendes: Durch ein schmiedeeisernes Tor führt ein gerader Weg auf die komplexe Schlossanlage zu, und man gelangt in den Ehrenhof. Hier erhebt sich das zweigeschossige Corps de logis mit seinem Mansardendach, das durch Verbinderbauten mit den beiden ebenso zweigeschossigen, aber niedrigeren Seitenflügeln verbunden ist. Zum Süden hin wird der Ehrenhof durch zwei eingeschossige Wachthäuser begrenzt, die von Simon Louis du Ry stammen. Sowohl die schlichten Wachthäuser als auch die Seitenflügel ordnen sich dem Hauptbau unter. Obgleich die Dreiflügelanlage durchaus in der Grunddisposition einem großen Residenzschloss entspricht, ist hier alles sehr ruhig gehalten. In der Hoffront springt der dreiachsige Mittelrisalit mit der Freitreppe nur leicht hervor. Den Balkonvorbau tragen ionische Säulen, die im darüber liegenden Geschoss in Pilastern fortgeführt werden. Die einfachen Seitenrisalite werden durch breite Blendstreifen gefasst.

Die eigentliche Schauseite des Schlosses ist die Gartenfront. Durch das leicht abfallende Gelände ist hier der Sockel höher, und vom vorspringenden Mittelrisalit führen zwei geschwungene Treppen in den Garten. Der Mittelrisalit ist dabei nicht nur durch eine Giebelbekrönung betont, sondern auch durch die unter dem Giebel liegenden drei Rundfenster. Während die Seitenrisalite auf der Seite zum Ehrenhof nur ein Fenster aufweisen, sind es zur Gartenseite hin zwei.

Was macht nun diesen eher zurückhaltenden, spätbarocken Bau zu einem Hauptwerk des europäischen Rokoko?

Rokoko

Aus dem Spätbarock entwickelte sich in Frankreich das Rokoko, das das europäische Kunstgeschehen zwischen 1720 und 1760 prägte, bevor diese stilistische Ausprägung durch den Frühklassizismus abgelöst wurde. Geprägt ist der Stil von einem einzigen Ornament, der Rocaille, das sich durch seine Asymmetrie von barocken Ornamenten unterscheidet. Dieses Ornament ist dabei schwer zu beschreiben. Der Begriff leitet sich vom französischen »roc« für Fels und »coquilles« für Muscheln ab, sodass die deutsche Übersetzung von Rocaille als Muschelwerk nur bedingt dieses sehr freie Ornament beschreibt. Das Rokoko ist ein reiner Ornamentstil, der in seinem Wesen keine Verbindungen zu klassischen architektonischen Formen aufweist. Im Wesentlichen handelt es sich daher um einen Dekorationsstil, der im Kunstgewerbe und in der Innendekoration sehr prägend war, sich aber auf die monumentale Baukunst und die bildnerischen Künste nur wenig auswirkte. Die Rocaille als alleiniges, bestimmendes Element kann sowohl im weltlichen als auch im sakralen Bereich Verwendung finden. Gesellschaftliche Schran-

Detail einer Türfüllung im Speisesaal

ken überwindend, findet sich die Rocaille in den Palästen des Adels wie auch an süddeutschen Bauernmöbeln. Somit stellt das Rokoko wohl eher eine alles bestimmende Mode als einen Stil dar. Das Rokoko spiegelt das Lebensgefühl einer Generation wider. Mit dem Tod des französischen Sonnenkönigs Ludwig XIV. im Jahr 1715 zog sich der französische Adel von Versailles in die bequemeren Paläste in Paris zurück. Hier entwickelte sich eine neue Form der Geselligkeit, in der soziale Schranken zwischen Adel und Bürgertum überwunden wurden. Geprägt war die Geselligkeit von einer sinnlichen Intimität, aber auch von Esprit und Aufklärung. Versailles diente auch den nachfolgenden Königen als Residenz, sodass der Hof schließlich zurückkehrte. Auf das neu errungene freizügig-laszive Leben wollte man jedoch nicht mehr verzichten. Dem stand allerdings die staatliche Raison gegenüber, waren doch immer noch die vom Absolutismus geprägte Etikette und eine streng hierarchische Rangordnung von offizieller Gültigkeit. Rang und Etikette fanden Ausdruck in aufwendigen Treppenanlagen, Säulen, Pilastern, Gesimsen und Staatsporträts. Nur in den privateren Räumen, in den Wohnappartements und Kabinetten, konnte sich die Rocaille entfalten – nicht nur beim Adel, sondern bald schon beim Herrscher selbst. Beim abendlichen Zubettgehen, dem »coucher«, einem staatlichen Akt, der von der Etikette geprägt war, stieg der amtierende König in das Prunkbett Ludwigs XIV., um anschließend in sein intimeres und bequemeres Privatschlafzimmer zu flüchten, nachdem die Hofgesellschaft den Raum verlassen hatte.

Grundsätzlich erweist sich die Fassade von Schloss Wilhelmsthal als spätbarock, wenngleich die architektonischen Akzentuierungen mit Säulen, Pilastern, Gesimsen und Gebälken eher zurückhaltend sind. Die Fassade bleibt sehr in der Flächigkeit und vermeidet dramatische Licht-Schatten-Effekte, was auf eine Entstehung in der Mitte des 18. Jahrhunderts verweist. Der Geist des Rokoko spiegelt sich eher im Inneren wider – und hier nicht nur in der Innendekoration, sondern auch im Grundriss.

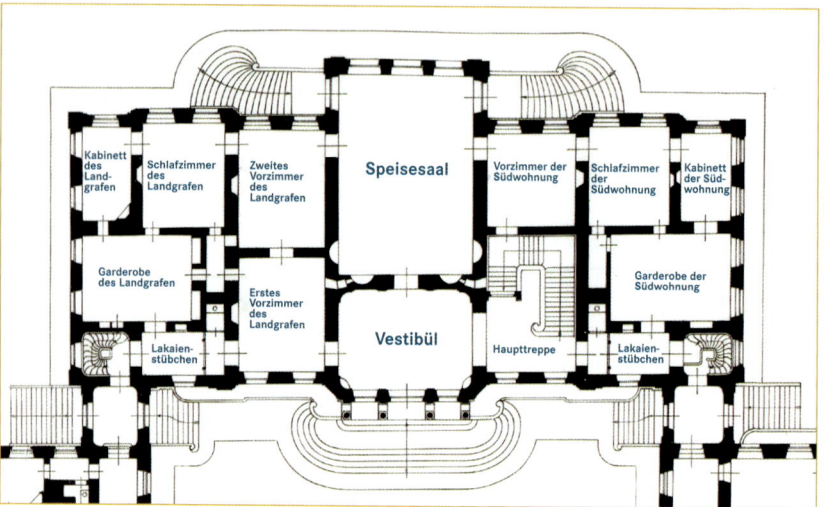

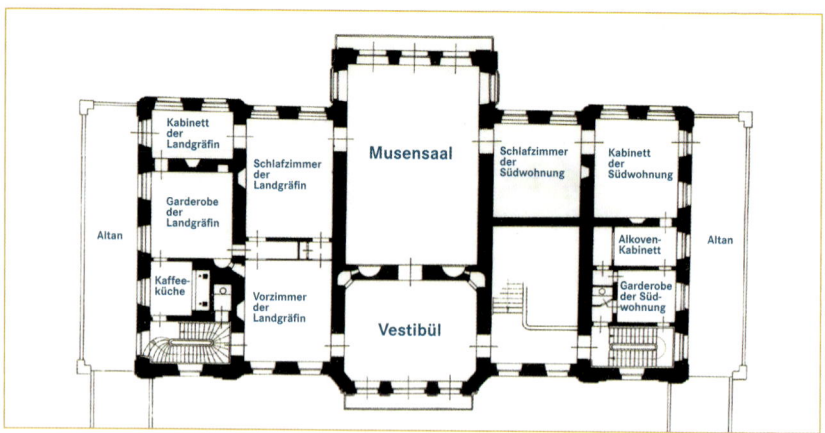

Grundriss Erd- und Obergeschoss, Corps de logis, Anfang 20. Jahrhundert

Der Besucher tritt in das Vestibül ein, doch befindet sich ihm gegenüber nun keine große Treppenanlage, wie sie in den deutschen Residenzschlössern im Zuge der Etikette so bedeutungsvoll war, sondern ein Salon, ein Ort der Geselligkeit. Seitlich des Salons schließt sich je ein Appartement, eine fürstliche Wohnung, an. Diese Grundkonzeption der Raumaufteilung zieht sich durch drei Etagen des Schlosses: Im Erdgeschoss wurde der Salon als Speisezimmer verwendet, während das linke Appartement dem Landgrafen diente und das rechte einem ausgewählten, gleichrangigen Gast zur Verfügung gestellt werden konnte. In der oberen Etage diente der Salon dem geselligen Zusammenkommen. Während das linke Appartement die Räumlichkeiten der Landgräfin beherbergte, konnte das rechte ebenso Gästen zur Verfügung gestellt werden.

Diese Gliederung setzt sich auch im Souterrain des Baus fort: Hier ist es ein Gartensaal, der den Mittelpunkt einnimmt und von dem eine Treppe unmittelbar in den Garten führt. Auf der linken Seite ist in seinen Grundzügen ein Badeappartement unter der Wohnung des Landgrafen eingerichtet, das wohl nie ganz ausgeführt wurde, wie auch die rechte Seite im Rohbau verblieb: Vermutlich ließ sich trotz aller Vorsichtsmaßnahmen das Eindringen von Feuchtigkeit in das Souterrain nie vermeiden, sodass dieser Teil für Wohnzwecke ungeeignet war. Die fürstlichen Appartements hingegen wurden nicht einfach gespiegelt, sondern sind jeweils höchst individuell gegliedert. Hier finden sich eher repräsentative Räume wie die Vorzimmer neben privaten Räumen wie den Schlafzimmern und Kabinetten, aber auch Nutzräume wie Garderobe und Toiletten. Verbunden durch kleine Nebentreppen und Gänge ermöglich-

Gartensaal im Souterrain von Schloss Wilhelmsthal, Fotografie um 1920

ten sie eine reibungslose Bewirtschaftung durch die Dienerschaft, ohne dass die fürstlichen Gäste in ihren eigentlichen Wohnräumen gestört wurden. Diese raffinierten Grundrisse erhöhen die Bequemlichkeit und Intimität der Appartements, während die mittig gelegenen Salons der Geselligkeit dienten. Und gerade hier zeigt sich der Geist des Rokoko, der Wilhelmsthal zu einem Glanzstück seiner Zeit macht, zu einem Meisterwerk aus der Hand von François de Cuvilliés!

Der Rohbau von Schloss Wilhelmsthal war vermutlich um 1753 fertiggestellt – und zugleich war es zu einer Distanzierung des Landgrafen Wilhelm vom Architekten Cuvilliés gekommen. Grund hierfür wird sicherlich der Wechsel des Erbprinzen zum katholischen Glauben gewesen sein, doch mag es auch ästhetische Gründe gegeben haben, warum man Cuvilliés nicht den Auftrag zur Innenausstattung gab. So kritisierte bereits 1746 der landgräfliche Hofpagenmeister Reiffenstein Cuvilliés und seine Ornamentstiche mit den Worten: »Freyheiten, die sich schwerlich dürften verantworten lassen«. Sein Freund Johann Georg Fünck, lange Zeit Bauleiter in Wilhelmsthal, der der Berliner Schule entstammte, bezeichnete die süddeutschen Rocailles gar als »ungereimtes Grillenwerk«. Doch war es weniger die Rocaille an sich, die man kritisierte, sondern man wollte den natürlichen Schwung beibehalten wissen, die Natur müsse Vorbild sein. Fünck rühmte in dieser Hinsicht die »geschickten Arbeiten des berühmten Bildhauers, Hrn. Nahls in Berlin«. So war es nur folgerichtig, dass mit der Innenausstattung Johann August Nahl d. Ä. beauftragt wurde.

Johann August Nahl der Ältere

Der aus einer fränkischen Künstlerfamilie stammende Johann August Nahl (1710–1781) erfuhr zunächst eine klassische Handwerkerausbildung, wobei ihn seine Gesellenreise über Bern und Straßburg bis nach Paris führte, wo er die neuesten Ornamente ausführlich studieren konnte. Danach bereiste er Italien, bevor er sich zunächst in Straßburg niederließ. 1742 siedelte er dann mit seiner Werkstatt nach Berlin über, wo er wegen seiner weitreichenden Kenntnisse des neuesten französischen Geschmacks zum »Directeur des ornaments« aufstieg. Unter der Leitung des

Architekten Georg Wenzeslaus von Knobelsdorff (1699–1753) arbeitete Nahl an der figürlichen Ausstattung des Opernhauses, der Innendekoration des Neuen Flügels in Schloss Charlottenburg und dem Ausbau des Potsdamer Stadtschlosses mit. In Schloss Sanssouci, dem wohl wichtigsten Bauwerk des friderizianischen Rokoko, schuf er Stuckaturen. Allerdings spürte er schon bald die Arbeitsüberlastung und zugleich die schlechte Zahlungsmoral des preußischen Hofes. Hinzu kam, dass in seinem Wohnhaus und in seiner Werkstatt Soldaten einquartiert wurden. Deshalb entschloss sich Nahl 1746 zur Flucht aus Preußen nach Straßburg und von dort nach Bern, wo er neun Jahre lang ein ausgefülltes künstlerisches Leben führen konnte. Wohl bereits 1753 trat Nahl in Kontakt zu Landgraf Wilhelm VIII. und sandte Arbeitsproben nach Kassel. 1755 übersiedelte er dann mit seiner Familie ganz in die hessische Residenzstadt und konnte sich der Ausgestaltung von Wilhelmsthal widmen. So kommt es, dass in Wilhelmsthal auf einmalige Weise Elemente des bayerischen und preußischen Rokoko vereint sind.

Emanuel Handmann, Porträt Johann August Nahl d. Ä., 1755, MHK, Gemäldegalerie Alte Meister

Die hessischen Landgrafen – sowohl Wilhelm VIII. als auch sein Nachfolger Friedrich II. – müssen mit der Arbeit Nahls ausgesprochen zufrieden gewesen sein, denn 1767 berief man ihn als Bildhauer an das Collegium Carolinum, zehn Jahre später in derselben Funktion an die neu begründete Kunstakademie. 1781 verstarb Nahl in Kassel.

1756 brach der Siebenjährige Krieg aus: Ein Krieg, der ursprünglich zwischen Preußen und Österreich begonnen worden war, der aber die Bündnispartner – England auf der Seite Preußens und Frankreich auf der Seite Österreichs – in das Geschehen verwickelte. Russland, zunächst auf österreichischer Seite, war später neutral. Da sowohl England als auch Frankreich Kolonien hatten, dehnte sich der Krieg nicht nur in Europa, sondern weltweit aus.

Hessen unterhielt eines der größten stehenden Heere im Reich, das für seine Kampfkraft berühmt war. Die Truppen wurden oftmals vermietet, um darüber Geld für Hessen-Kassel zu generieren, und so verlieh Landgraf Wilhelm hessische Soldaten an England, was ihm eine enorme jährliche Einnahme sicherte.

Obgleich dieser Krieg damit auch Hessen-Kassel betraf, sicherten die Einkünfte nun die Möglichkeit, das Baugeschehen in Wilhelmsthal voran zu bringen. So schrieb Landgraf Wilhelm am 5. Juli 1756 an den Generalmajor von Fürstenberg nach England: »Seit 14 Tagen bin ich in Wilhelmsthal, wo ich diesmal die Zimmer im Hauptgebäude bewohne, die mir sehr gefallen«, und bereits im November konnte er vermelden, dass nun das gesamte Erdgeschoss eingerichtet und bewohnbar sei. Auch die für das höhere Hofpersonal bestimmten Zimmer in der Mansarde waren eingerichtet. So konnte man sich nun auch an die Umsetzung der beiden Wachthäuser machen, die von Simon Louis du Ry entworfen wurden.

Allerdings rückten bereits im Sommer 1757 französische Truppen vor, und der Landgraf musste fliehen. Mit seiner Schwiegertochter, der englischen Prinzessin Marie, und seinem Gefolge begab er sich nach Hamburg. 1758 konnte der Landgraf nach Kassel zurückkehren, musste nach zwei Monaten aber erneut fliehen, zunächst nach Bremen, dann nach Rinteln an der Weser, wo Wilhelm VIII. in der Nacht zum 1. Februar 1760 verstarb. So war ihm die Freude an seiner »maison de plaisance« nur für kurze Zeit vergönnt.

Durch die politischen Verbindungen, aber auch aufgrund der zentralen Lage, war Hessen-Kassel von den Geschehnissen des Siebenjährigen Krieges besonders stark betroffen. Auch das Lustschloss der Landgrafen von Hessen-Kassel blieb nicht verschont und erlitt durch die Schlacht von Wilhelmsthal am 24. Juni 1762 Beschädigungen. Das französische Heer musste sich geschlagen nach Kassel zurückziehen, während der siegreiche Herzog Ferdinand von Braunschweig im Schloss Quartier nahm. Mehr als 1.000 Tote – nach manchen Berichten waren es sogar 4.000 – wurden an der Innenseite der Parkmauer beigesetzt, woran seit 1994 eine Bronzetafel im Park erinnert.

Trotz dieser schrecklichen Kriegsereignisse wurden die Arbeiten am Schloss nicht wirklich unterbrochen. Noch 1757 begann man mit der Ausgestaltung der oberen Etage, die allerdings erst nach dem Tode Wilhelms VIII. vollendet werden konnte. Sein Sohn und Nachfolger, Landgraf Friedrich II., der während des Krieges zumeist in preußischen Diensten gestanden hatte, kehrte Anfang 1763 nach Kassel zurück. Unter ihm wurde die Ausgestaltung vollendet.

Johann August Nahl d. Ä. lieferte vor allem die Entwürfe; die Umsetzung erfolgte durch eine Vielzahl von Künstlern und Handwerkern. Hier ist Johann Michael Brühl (um 1717–1806) zu nennen, der seit 1748 als Hofstuckateur beschäftigt war. Davor war er in Sachsen-Weimar und für das Schwarzburger Fürstentum tätig gewesen. Vergleiche mit den dort geschaffenen Kunstwerken zeigen, dass Brühl durchaus seine eigenen Vorstellungen einfließen lassen konnte.

Neben Brühl war es der Hofbildhauer Lucas Meyer (gest. 1783), der entscheidend auf die Innenausstattung wirkte. Wie Nahl war er zuvor in Berlin tätig gewesen. Von ihm stammen die Schnitzereien der Vertäfelungen, der Sitzmöbel und Bilderrahmen. 1767 konnte vermeldet werden, dass das Schloss fertig gestellt war, auch wenn 1771 von Meyer noch vier Konsoltische und 1773 noch zwölf Lehnstühle für die obere Etage geliefert wurden. Da die entscheidenden Künstler und Hand-

Johann Heinrich Tischbein d. Ä., Landgraf Friedrich II., 1765/70, MHK

werker noch über den Tod des Landgrafen Wilhelm VIII. hinaus in Wilhelmsthal wirkten, entstand eine einheitliche Ausstattung. Der neue Landgraf, Friedrich II., zeigte eher an den Bauprojekten in der Residenzstadt Kassel Gefallen, die in dem neuen Stil des Frühklassizismus errichtet wurden, wie er beispielsweise im Fridericianum in Kassel verwirklicht wurde.

So setzte der Sohn – obgleich er in einem durchaus angespannten Verhältnis zu seinem Vater gestanden hatte – nach dessen Tode das Werk von Wilhelm VIII. fort, was sicherlich auch aus Pietät erfolgte. An Wilhelmsthal selbst hatte Friedrich II. aber nur bedingt ein eigenes Interesse. Dies galt auch für seinen Sohn und Nachfolger, Wilhelm IX./I., der allerdings ab 1795 damit begann, den Park in Wilhelmsthal zu einem Landschaftspark umzugestalten. Nach dem Tod seines Vaters bestieg er 1785 den Thron als Landgraf Wilhelm IX. Reaktionär den Vorstellungen eines fürstlichen Absolutismus verpflichtet, gelang es ihm, 1803 den Kurfürstentitel für sein Land zu sichern (nun als Wilhelm I.), wenngleich dieser Titel bereits 1806 mit dem Ende des Heiligen Römischen Reiches Deutscher Nation bedeutungslos wurde. Dabei galt er als einer der reichsten Fürsten seiner Zeit, dessen Vermögen in großen Teilen durch den Soldatenhandel zusammenkam. Weil Wilhelm dem Rheinbund, einem auf Initiative von Kaiser Napoleon I. (1769–1821) gegründeten Bündnis von deutschen

Staaten, nicht beitrat und sein Land für neutral erklärte, marschierte die französische Armee am 1. November 1806 in Kassel ein. Kurfürst Wilhelm I. gelang die Flucht, zunächst nach Holstein, später nach Prag. Die Stammlande von Hessen-Kassel wurden dem neu von Napoleon geschaffenen Königreich Westphalen zugeschlagen, während die Besitzungen in Südhessen zunächst der französischen Militärregierung unterstanden, später dann dem Großherzogtum Frankfurt. Neuer Herrscher in Kassel wurde König Jérôme (1784–1860), jüngster Bruder von Napoleon, der mit Katharina von Württemberg (1783–1835) ver-

François Josèphe Kinson, Jérôme Bonaparte und seine Gattin Katharina von Württemberg vor dem Garten von Schloss Wilhelmshöhe, 1810, Versailles, Musée national des châteaux de Versailles et de Trianon

heiratet war. Obgleich Jérôme amourösen Abenteuern nicht abgeneigt war – noch heute gilt die Verballhornung seines Namens zu »Schrohm« in Hessen als Synonym für einen Schürzenjäger – scheint die Ehe ausgesprochen gut verlaufen zu sein. Nur spärlich eignete sich der neue König die Muttersprache seines Königsreichs an. Seine deutschen Sprachkenntnisse sollen sich auf den einzigen Satz – »Morgen wieder lustik!« – beschränkt haben, was Jérôme den Titel »König Lustik« einbrachte.

Vor allem war es Königin Katharina, die an Wilhelmsthal besonderen Gefallen fand, das nun in »Katharinenthal« umbenannt wurde, so wie Schloss Wilhelmshöhe zwischenzeitlich »Napoleonshöhe« hieß. Am 5. Januar 1812 schrieb sie in ihr Tagebuch: »Es ist entschieden, dass wir morgen in das triste Kassel zurückkehren werden. Das bereitet mir Kummer; ich schätze den Aufenthalt in Katharinenthal außerordentlich; ich führe dort ein einfaches und zurückgezogenes Leben wie es meinen Vorlieben entspricht. Ich verabscheue das Getöse der Welt.« Insbesondere war sie in dem »hübschesten Landsitze« von der Raumverteilung angetan, während sie das Rokokomobiliar als altmodisch empfinden musste. Statt des Appartements der Landgräfin im Obergeschoss wählte sie die gegenüberliegende Wohnung, und Jérôme nahm seine im Erdgeschoss ein, wobei die beiden Wohnungen durch eine Nebentreppe verbunden waren. Obgleich das Schloss sowohl für kürzere als auch längere Aufenthalte im Sommer wie im Winter genutzt wurde, hielten sich die Veränderungen im Schloss in Grenzen: So wurden in einem Teil der Räume die Bespannungen durch modernere im Empire-Stil ersetzt, im Vorzimmer der Landgräfin ein Billardzimmer eingerichtet und teilweise Öfen eingebaut. Sicherlich war angedacht, das gesamte Schloss im neuen Empire-Stil umzugestalten, doch wirkten sich hier nun die weltpolitischen Ereignisse aus: Mit dem Sturz Napoleons fand auch das Königreich Westphalen sein Ende, und Jérôme und Katharina mussten 1813 fliehen.

Im November 1813 kehrte schließlich Kurfürst Wilhelm I. zurück in seine Residenzstadt; er konzentrierte sich vor allem auf die Umgestaltung des Bergparks in Kassel, und ließ auch den Park Wilhelmsthal

Wilhelm Böttner, Landgraf Wilhelm IX., 1788, MHK

weiter zu einem Landschaftsgarten überformen. Zu baulichen Veränderungen kam es erst unter seinem Sohn und Nachfolger, Kurfürst Wilhelm II. (1777–1847), der 1821 den Thron bestieg. Im Wesentlichen verfolgte er die konservative Politik seines Vaters weiter. Daneben entwickelte er eine wahre Bauleidenschaft, für die ihm sein Oberhofbaumeister Johann Conrad Bromeis (1788–1855) zur Seite stand, und der für ihn unter anderem das Rote Palais am Friedrichsplatz in Kassel realisierte. Für die Instandsetzung von Wilhelmsthal, für die neben Bromeis auch der Hofbaumeister Julius Eugen Ruhl (1796–1871) herangezogen wurde, veranschlagte man 5.000 Reichstaler. Während die Räume des Weißensteinflügels in Schloss Wilhelmshöhe umfangreich im Stil des Empire restauriert wurden, brachte man einen Teil des frühklassizistischen Mobiliars von dort nach Schloss Wilhelmsthal. Die alten »Pekings«, bemalte chinesische Seidenstoffe, die als Vorhänge und Wandbespannungen in den Hauptappartements dienten, ersetzte man durch Damaststoffe, wie sie auch heute wieder zu sehen sind.

1866 führte die Rivalität zwischen Österreich und Preußen zum Deutschen Krieg. Während Österreich daran lag, den Deutschen Bund im Wesentlichen zu erhalten, drängte Preußen darauf, den Deutschen Bund in einen Bundesstaat umzuwandeln. Hessen-Kassel trat an die österreichische Seite und unterlag im Krieg. Das Kurfürstentum wurde mit dem ebenfalls unterlegenen Königreich Hannover zusammengelegt und verlor seine Unabhängigkeit an Preußen.

Fortan nutzte die kaiserliche Familie Schloss Wilhelmshöhe als Sommerresidenz – während Schloss Wilhelmsthal musealisiert und der Öffentlichkeit übergeben wurde. Besonders Kaiser Friedrich III. (1831–1888) setzte sich für die Instandsetzung des Schlosses ein, und sein Sohn, Kaiser Wilhelm II. (1859–1941), nutzte den eleganten Bau für gelegentliche Ausflugsfahrten.

Nach dem Ersten Weltkrieg verblieb das Schloss in der preußischen Schlösserverwaltung. Erst 1946 wurde die Verwaltung der Staatlichen Schlösser und Gärten Hessen gegründet, die von da ab die Verwaltung von Wilhelmsthal übernahm. In den 1960er Jahren stellte man massive Baumängel fest, die bis in die 1970er Jahre hinein behoben wurden. Auch im Inneren setzte man den Bau wieder instand.

2006 gingen Schloss und Park Wilhelmsthal an die Museumslandschaft Hessen Kassel über, die bis heute für die Erhaltung der einmaligen Anlage verantwortlich ist.

Rundgang Erdgeschoss

Über den Ehrenhof betritt man das Schloss durch das **Vestibül** ❶, das äußerst zurückhaltend mit Stuckmarmor ausgestattet ist. Von hier aus erschließen sich das Treppenhaus, das in die obere Etage des Schlosses führt, der mittig gelegene Salon, der als Speisesaal diente, sowie das Appartement des Landgrafen. Heute nimmt die Mitte des Raumes ein historisches Modell der barocken Gartenanlage von Schloss Wilhelmsthal ein. Wesentliche Elemente des 18. Jahrhunderts – vor allem die Grotte – sind heute noch im Park nachzuvollziehen, obgleich dieser im 19. Jahrhundert im Sinne eines Landschaftsgartens überarbeitet worden war.

> **Fürstliche Raumabfolge im 18. Jahrhundert**
>
> Die Raumabfolge eines fürstlichen Appartements des 18. Jahrhunderts war fest vorgeschrieben: In den Residenzschlössern setzte es sich aus einem oder mehreren Vorzimmern, einem Audienzzimmer, dem Schlafzimmer und einem Kabinett zusammen. Dabei sollte sich die Ausstattung von Raum zu Raum bis zum Audienzzimmer hin steigern: Je näher man dem Fürsten kam, um so glanzvoller wurde die Umgebung. In den »maisons de plaisance« verzichtete man in der Regel auf ein Audienzzimmer. Den offiziellen Räumen, die von der Hofgesellschaft zu »ensembles«, Versammlungen, genutzt wurden, folgten dann die privaten: In den deutschen Schlössern gehörte zu den privaten Räumen des Fürsten in der Regel das Schlafzimmer, dem sich für gewöhnlich ein kleines Kabinett anschloss, zu dem nur die höchsten Gäste des Fürsten Zugang fanden. Unverzichtbar waren in den Appartements des 18. Jahrhunderts eine Garderobe und eine »Retirade«, ein Rückzugsort, in dem sich der Leibstuhl befand. Die Dienerschaft schlief zumeist dort, wo Platz war: In Betttruhen oder in aufklappbaren Betten. Es ist ein Zeichen höchsten Luxus, dass wenigstens zwei der vier fürstlichen Appartements in Wilhelmsthal über ein Lakaienstübchen verfügten, was dem Fürsten ein Mindestmaß an Privatsphäre sicherte. Zudem weisen alle vier Appartements je ein oder zwei Vorzimmer, ein Schlafzimmer, ein Kabinett und eine Garderobe auf, womit man den höchsten, repräsentativen Ansprüchen gerecht werden konnte.

Das Appartement des Landgrafen

Auf zwei Wegen konnte man in das Appartement des Landgrafen kommen: Entweder wandte man sich vom Vestibül aus gleich nach links, um die Wohnung über das erste Vorzimmer zu erreichen, oder man schritt durch den Salon (Speisesaal) und betrat das Appartement durch das zweite Vorzimmer, womit eine Gleichheit mit dem zweiten fürstlichen Appartement dieser Etage erreicht war.

Die beiden **Vorzimmer des Landgrafen** ❷ ❸ sind als eine zusammenhängende Galerie einheitlich gestaltet und weisen eine hellblau gefasste Wandvertäfelung auf. Die Ornamente darauf, vornehmlich die der Spiegel- und Bilderrahmen, die von Nahl entworfen wurden, sind

Johann Heinrich Tischbein d. Ä., Selbstbildnis, 1752/55, MHK, Gemäldegalerie Alte Meister

> **Johann Heinrich Tischbein der Ältere**
>
> Johann Heinrich Tischbein d. Ä. (1722–1789) gilt als eines der bedeutendsten Mitglieder der über Generationen tätigen Malerfamilie. Nach seiner Lehrzeit in Kassel stand er zunächst im Dienst kleinerer Fürstenfamilien. Danach setzte er sein Studium bei dem in Paris gefeierten Carle van Loo (1705–1765) und dem Venezianer Giovanni Battista Piazzetta (1682–1754) fort. Nach einem Romaufenthalt wurde er 1753 von Landgraf Wilhelm VIII. als Hofmaler nach Kassel berufen, ausdrücklich mit dem Wunsch, Porträts von »schönen Gesichtern« anzufertigen. So entstanden die meisten Porträts der Schönheitengalerie in Wilhelmsthal zwischen 1754 und 1756, das letzte lässt sich auf das Jahr 1765 datieren. Insgesamt entstanden für das Schloss 66 Gemälde aus der Hand des Meisters. 1762 wurde Tischbein zum Professor an das neu gegründete Collegium Carolinum in Kassel berufen. Neben mythologischen Szenen, Historienbildern und Landschaften lag der Schwerpunkt seines Werkes vor allem in der Porträtmalerei. Hier führte er seine Kunst von einem leichten, sinnlichen Rokoko hin zu einem ausdrucksstarken Frühklassizismus, in dem die Physiognomie der Dargestellten im Mittelpunkt stand.

vergoldet. Der Bezug der Sitzmöbel gleicht sich in der Farbgebung der Vertäfelung an, so wie die bronzenen, vergoldeten Leuchter seitlich der Spiegel das Gold der Ornamente aufgreifen. Auf diese Weise entstand in den beiden Räumen ein Gesamtkunstwerk, wie es typisch für das Rokoko ist. Kennzeichnend für die beiden Räume sind die Porträts von Damen, eine Schönheitengalerie, wie man sie auch in anderen Schlössern der Zeit fand. Während dort aber zumeist die damals berühmten Schönheiten Europas zu finden waren, sind es hier – in nahezu unveränderter Form – die Damen des Hofes von Hessen-Kassel, also Mitglieder der fürstlichen Familie, Vertreterinnen des hohen und niederen Adels und sogar des Bürgertums. Die meisten dieser Porträts wie auch die Supraporten, die Gemälde über den Türen, wurden von Johann Heinrich Tischbein d. Ä. gemalt.

Das erste Vorzimmer zeigt 14 Bildnisse, die nach einem einheitlichen Schema komponiert sind: Die Dargestellten werden in halber Figur und im Dreiviertelprofil wiedergegeben und wenden sich direkt an den Betrachter. Entsprechend dem gängigen Schönheitsideal sind die Dargestellten typisiert und unterscheiden sich nur durch ihre Kleidung bzw. die Attribute, die ihnen beigegeben werden. Die meisten Attribute verweisen dabei auf ein arkadisches Leben in Wilhelmsthal, in dem man sich ganz der Musik, der Liebe oder dem Spaziergang im Garten verschrieb. Neben Vertreterinnen des niederen hessischen Adels sind auch die beiden Gattinnen Tischbeins wiedergegeben, Marie Sophie (1726–1759) und ihre Schwester Marianne Pernette (1738–1762), die der Künstler nach dem Tode Marie Sophies heiratete. Sie waren bürgerlicher Herkunft, verkehrten aber auch im höfischen Umfeld. Weicher in seiner Modellierung ist eines der Bildnisse des Münchner Hofmalers Georges Desmarées (1697–1776). Es zeigt vermutlich Auguste Friederike von Spiegel (1739–1775), deren Ehemann eine hohe militärische Position unter Landgraf Wilhelm VIII. innehatte. Der Maler weilte 1752/1753 für einige Monate am Kasseler Hof, um Porträts der landgräflichen Familie anzufertigen.

Erstes Vorzimmer des Landgrafen (Schönheitengalerie)

Das anschließende zweite Vorzimmer ist ähnlich gestaltet wie das erste, weist ebenso 14 Porträts auf, wobei neben denen von Tischbein je eines aus der Hand von Pompeo Girolamo Batoni (1708–1787), Johann Georg Ziesenis (1716–1776) und aus dem Umkreis von Antoine Pesne (1683–1757) stammt. Entsprechend der höheren Rangfolge dieses Raumes sind hier nun hochadlige Damen wiedergegeben, zum einen Porträts aus der Familie, zum anderen befreundeter und verwandter Fürstenfamilien, wie etwa das Porträt der Prinzessin Auguste Elisabeth Marie von Württemberg (1733–1805). Den Fenstern gegenüber, also an prominenter Stelle, befinden sich die Porträts von Wilhelms Schwiegertochter Marie, die als Tochter des britischen Königs und Gattin des hessischen Erbprinzen die ranghöchste Dame unter allen Porträtierten darstellt, und Wilhelms Schwägerin Friederike Charlotte (1698–1777). Da die Gemahlin Wilhelms, Landgräfin Dorothea Wilhelmine, bereits 1743 verstorben war, übernahmen erst die Schwägerin und dann die Erbprinzessin die Rolle der ersten Dame bei Hofe mit den entsprechenden repäsentativen Pflichten.

Neben den meisten Porträts stammen auch die Supraporten aus der Hand Tischbeins: Sie zeigen allegorische Puttendarstellungen, die im ersten Vorzimmer Malerei, Musik, Astronomie, Baukunst und Dichtung verkörpern, im zweiten Vorzimmer die Jahreszeiten und im anschließenden Schlafzimmer Krieg und Frieden.

Bei der französischen Hofetikette kam dem **Schlafzimmer** ❹ eine entscheidende Bedeutung zu, wurden doch hier die Ehe vollzogen und die fürstlichen Nachfolger geboren. Entsprechend hielt man hier auch bedeutende Formen des Zeremoniells vor versammelter Hofgesellschaft ab, wie das »lever« und »coucher«, das königliche Erwachen und Zubettgehen. Das kaiserliche Zeremoniell in Wien maß dem Schlafzimmer keine so hohe Bedeutung bei. In den Residenzen der deutschen Reichsfürsten fand man häufig Mischformen vor: Die Ausstattung ließ zwar die große Etikette zu, doch wandte man sie zumeist nicht wirklich an.

Zweites Vorzimmer des Landgrafen (Ahnengalerie)

Schlafzimmer des Landgrafen

Für ein Landschloss, eine »maison de plaisance«, wie Wilhelmsthal wäre dies ohnehin unangemessen gewesen. Ursprünglich war dieser Raum auch mit chinesischen Seidentapeten ausgeschlagen, was ebenso einer eher privaten Nutzung entsprach.

Die Möblierung des Raumes ist nicht original, sondern erinnert daran, dass man um 1822 Möbel des Frühklassizismus aus Schloss Wilhelmshöhe nach Wilhelmsthal verbrachte. Ursprünglich stand hier ein zentral gestelltes Himmelbett, das kürzlich durch ein sogenanntes »Lit à la Polonaise« ersetzt wurde. Eine solche Bettform, durchaus für fürstliche Schlafzimmer geeignet, war zur Nutzung für eine Person bestimmt und soll daran erinnern, dass Wilhelms Gattin bereits verstorben war.

Auffallend ist hier die große, mit Lack dekorierte Kommode mit ihren aufwendigen Beschlägen. Derartige Lackmöbel kamen während des

18. Jahrhunderts in Paris in Mode, als man es dort verstand, den ostasiatischen Lack zu kopieren. So war man nicht mehr auf Möbelimporte aus China und Japan angewiesen, sondern konnte nun Möbel nach eigenen europäischen Formvorstellungen herstellen. Bereits in den frühen historischen Inventaren von Wilhelmsthal lassen sich solche Möbel nachweisen.

Lackmöbel in Schloss Wilhelmsthal

Antoine-Pierre Jacot, Lackkommode, Paris, 1765–1770, Kabinett der oberen Südwohnung

Bereits im 16. Jahrhundert gelangten ostasiatische Möbel – Truhen und Kabinettschränke – nach Europa, wo sie oft ein modisches Untergestell erhielten, um sie den europäischen Lebensgewohnheiten anzupassen. Der ostasiatische Lack härtet bei Luftfeuchtigkeit aus und ließ sich deshalb nicht mit dem Schiff nach Europa verbringen, sodass man auf fertige ostasiatische Produkte angewiesen war. Neben Möbeln waren es Stellschirme, die über die Niederlande nach Europa kamen. Sie ließen sich zu Möbeln weiterverarbeiten, oder man kleidete damit ganze Kabinette aus. Diese Mode entstand in der zweiten Hälfte des 17. Jahrhunderts in den Niederlanden und löste in ganz Europa Begeisterung aus, die sich bis weit in das 18. Jahrhundert hielt. Bereits im 17. Jahrhundert begann man in Europa, die klassischen ostasiatischen Lacke in Rot und Schwarz durch Surrogate zu imitieren, und es entwickelten sich führende Werkstätten in den Niederlanden, Dresden und Berlin. Im 18. Jahrhundert war Paris tonangebend in der Imitation ostasiatischer Lacke. Hier fertigte man nun Möbel nicht nur nach europäischen Formvorstellungen, sondern auch in allen denkbaren Farben. Neben den Lacken trugen die kostbaren feuervergoldeten Bronzen zur Wirkung der Möbel bei, die zu den absoluten Luxuswaren der Zeit gehörten.

Bereits Wilhelm VIII. erwarb einige dieser Möbel für Wilhelmsthal in Paris, und sein Nachfolger, Friedrich II., schloss sich seiner Vorliebe an. Während einige Möbel direkt für Wilhelmsthal bestimmt waren, kamen andere 1822 bei der Umgestaltung des Schlosses hinzu. Heute verfügt Schloss Wilhelmsthal über eine der kostbarsten Ausstattungen mit ostasiatischen Lackmöbeln in Deutschland.

Kleiner Kabinettschrank, Japan, 1. Hälfte 17. Jahrhundert, Gestell: Europa, 19. Jahrhundert (?), Alkovenschlafzimmer der oberen Südwohnung

Kabinett des Landgrafen

Dem Schlafzimmer schließt sich das **Kabinett** 5 an, ein sehr hochwertig eingerichteter Raum. Während die Vorzimmer öffentlich zugänglich waren, das Schlafzimmer zumindest eine Teilöffentlichkeit aufwies, war das Kabinett allein dem Herrscher und seinen engsten Vertrauten vorbehalten. Hier konnte der Fürst sich zurückziehen und seinen privaten Interessen nachgehen. Meist wiesen solche Kabinette Schreibmöbel auf, wie hier etwa der höchst aufwendige Pariser Klappsekretär mit seinem strahlenförmigen Furnier, an denen der Fürst seine Geschäfte führen, seine private Korrespondenz erledigen oder lesen konnte.

Zu den edelsten Möbeln in diesem Raum gehört eine Kommode, die sich bereits im Inventar von 1788 nachweisen lässt: Der gewölbte Korpus auf vier Beinen ist über einer grünen Fassung mit hauchdünnen Perlmuttplättchen und geprägten Silberfolien in Form von Pfauenfedern überzogen. Diese Folien sind naturalistisch bemalt. Zusätzlich weist die Kommode kostbare feuervergoldete Beschläge auf. Im Inventar wird sie als Pariser Arbeit beschrieben, doch ist unklar, ob sie wirklich in Paris entstanden ist oder von einem Pariser Luxushändler an den Landgrafen vertrieben wurde. Weltweit sind nur zwei weitere vergleichbare Prunkmöbel bekannt.

Pfauenfederkommode, Paris (?), um 1760, Kabinett des Landgrafen

Die **Garderobe** ❻ eröffnet die Folge der Nebenräume, die für ein Appartement im 18. Jahrhundert notwendig waren. Darauf deutet bereits die schlicht gestrichene Vertäfelung hin. Auch die Möbel sind hier zurückhaltend gestaltet. Einbauschränke bargen die kostbare Garderobe des Fürsten, und in dem großen Tisch konnten modische Accessoires – Tabaksdosen, Taschenuhren, Spitzen –, wie sie auch in der Herrenmode gebräuchlich waren, verwahrt werden. Da das Ankleiden mit dem Schminken und Pudern der Perücken einige Zeit in Anspruch nahm, konnte der Fürst auch hier Gäste empfangen, wobei es als besondere Gunst galt, wenn man dem Landgrafen so nahe kommen durfte.

Garderobe des Landgrafen

Herrenmode des 18. Jahrhunderts

Prägend für die Herrenmode des 18. Jahrhunderts war der »Justaucorps«, ein eng anliegender Gehrock, dessen Schöße unterhalb der Taille weit auseinanderfielen. Trug man dieses Kleidungsstück am Ende des 17. Jahrhunderts in der Regel offen, setzte sich im 18. Jahrhundert die Mode durch, es ganz oder teilweise zuzuknöpfen. Weiterhin wurde es – zumindest bei Stutzern (kurzer Herrenrock) – beliebt, die Schöße mit Fischbein, Rosshaar oder Papier zu verstärken, damit sie glockenförmig auseinandergingen. Bevorzugte Hose war die »Culotte«, enganliegende kurze Beinkleider, die unterhalb des Knies gebunden wurden. Es folgten Strümpfe und Schnallenschuhe. Unter dem

Christian Wilhelm Tischbein, Herrenporträt, 1777, Garderobe des Landgrafen

»Justaucorps« trug man eine mit farbigen Stickereien oder mit Goldstickereien verzierte Weste. Darunter trug der Herr das knielange Hemd, dessen Kragen und Ärmel mit kostbaren Spitzen verziert waren, und das nicht selten auch als Nachthemd diente. Ab 1720 hellten sich die Anzugfarben deutlich auf. Farbkombinationen aller Art waren für Hose, Weste und Jacke denkbar, wobei sie oft zusätzlich bestickt waren oder Juwelen aufgenäht wurden. Zu den modischen Accessoires zählten Schnupftabakdosen aus emailliertem Gold, die teilweise ebenso reich mit Juwelen besetzt waren, oder Uhren mit kostbaren Gehängen. Unverzichtbar für den Höfling war das Tragen eines Degens. Damen wie Herren schminkten sich im 18. Jahrhundert, wobei die Grundlage oft eine weiße Paste war, die giftiges Bleiweiß enthielt. Farblich betont wurden in diesem als nobel empfundenen weißen Gesicht Augen und Lippen. Auch die Herren trugen im 18. Jahrhundert Perücken und hatten die Wahl zwischen der altertümlicheren Allongeperücke mit schulterlang herabfallendem, gelocktem Haar oder der fortschrittlicheren Zopfperücke, bei der die Haare zu einem Zopf straff nach hinten gekämmt wurden. Der Zopf wurde mit einer Schleife zusammengebunden und konnte zusätzlich in einem Haarbeutel versteckt werden. An den Schläfen wiesen die Perücken oft große Locken auf.

An die Garderobe schließt sich das **Lakaienstübchen** ❼ an. Hier befindet sich ein historisches Klappbett, das nachts für den Diener hergerichtet wurde. Solche Möbel – Klappbetten, Betten, die in Truhen verborgen sind, oder nur Strohsäcke – standen in allen Schlössern parat, schlief doch die Dienerschaft dort, wo Platz war und hatte oftmals keine eigenen Räume. Wichtig war dabei, dass besonders vertraute Diener möglichst nah der Herrschaft schliefen, um auch nachts abrufbar zu sein. Zu den weiteren Nebenräumen der Landgrafenwohnung gehört ein Treppengang, der nach oben in die Wohnung der Landgräfin führt und nach unten in ein Badezimmer im Souterrain, das zwar in seinen Grundzügen angelegt, aber aufgrund der Feuchtigkeit im Bau nicht fertiggestellt wurde. Neben dem Lakaienstübchen ist eine Retirade gelegen, in der sich der Abort befindet. Insgesamt erwies sich die Wohnung des Landgrafen mit ihren Nebenräumen als ausgesprochen modern für ihre Zeit, und ermöglichte dem Fürsten ein höchst bequemes Leben.

Lakaienstübchen

Der Speisesaal

Im Erdgeschoss nimmt ein großer Salon das Zentrum des Schlosses ein. Der Raum ist nicht vertäfelt, sondern stuckiert, wobei der Stuck meergrün gefasst und die Verzierungen in Gold gehöht wurden. Meisterhaft verband Nahl hier das Motiv der Rocaille mit naturalistischen Blumenkörben und Früchten.

Die Dekoration weist diesen Raum als einen Gartensaal aus, der von der Hofgesellschaft auch als **Speisesaal** 8 genutzt wurde. Die Grundaufteilung ist dabei ganz der Symmetrie verpflichtet: So wurden an der Längsseite neben den beiden Türen Blindtüren angebracht, zwischen denen sich jeweils ein Konsoltisch befindet. Seitlich der Tür zum Vestibül stehen zwei gusseiserne Öfen mit tönernen Aufbauten in Nischen. Sie wurden hier nach 1770 anstelle von Porzellanöfen aufgestellt. In weiteren Nischen befinden sich zwei Etageren, Schanktische, auf denen Gläser, Kühlgefäße und Getränke für die speisende Hofgesellschaft bereitstanden.

Speisesaal

Kein Spiegel und kein Gemälde lenkt in diesem Raum vom Blick in den Garten ab, befinden sich doch gegenüber dem Vestibül drei Fenster und zwei weitere seitlich davon, die eine Art Loggia ausbilden. Ursprünglich sollte man hier auf eine geplante Kaskade sehen, die allerdings nicht zur Ausführung kam. Durch die Fenstertüren konnte man über Außentreppen problemlos in den Garten gelangen, was für die Bestimmung des Raumes als Gartensaal ebenso spricht wie die Dekoration mit Blumen und Früchten.

Im Inventar von 1788 sind hier 24 Stühle verzeichnet, die herangezogen werden konnten, wenn im Saal getafelt wurde.

Tafeln im 18. Jahrhundert

In der Regel sucht man in deutschen Schlössern speziell dafür angelegte Speisezimmer vergebens: Kleinere Mahlzeiten nahm man normalerweise im Schlafzimmer zu sich, und für die höfische Tafel nutzte man die großen Säle. Hierzu wurde auf Holzböcken die Tafel aufgelegt, die nach dem Essen wieder aufgehoben werden konnte. Über die Tafel legte man ein bodenlanges Damasttischtuch und schob dann die bereitstehenden Stühle heran. Für gewöhnlich folgte das Speisen nach dem im 18. Jahrhundert gebräuchlichen »service à la française«. Dabei wurden drei Gänge gereicht, wobei jeder Gang aus bis zu vierzig Gerichten bestehen konnte, die zeitgleich aufgetragen wurden. Die Terrinen wurden dabei symmetrisch aufgestellt, und die Deckel mit dem skulpturalen Schmuck aus Putten, Früchten oder Blumen dienten zugleich als Tafelaufsatz. Die Gäste bedienten sich daran wie an einem Buffet, und die Speisenden halfen sich gegenseitig beim Anreichen der Gerichte. Für die Vorspeise und den Hauptgang bevorzugte man Silbergeschirr, während man für den kostbaren Nachtisch Porzellanservice gebrauchte. Hier konnte die Oberfläche von der Fruchtsäure nicht angegriffen werden. Erst im Laufe des 18. Jahrhunderts setzten sich dann einheitliche Serviceformen aus Porzellan für alle drei Gänge durch. Neben den Terrinen standen Teller auf dem Tisch und lag das Besteck. Gläser sucht man auf der Tafel des 18. Jahrhunderts vergeblich. Wollte man einen Schluck trinken, gab man einem Diener ein Zeichen, der dann ein kleines Glas auf einem Tablett reichte, das man in einem Zuge austrank. Danach brachte der Diener das Glas zum Schanktisch, wo es ausgespült und in Glaskühlern gekühlt wurde, bis der nächste

Speisende einen Schluck verlangte. Die Hofküche verfeinerte sich im 18. Jahrhundert laufend. Statt der begehrten Schaugerichte des 17. Jahrhunderts, bei denen ganze Schweine, die vergoldet waren, oder Schwäne, denen man nach dem Garen wieder das Gefieder anlegte, serviert wurden, bevorzugte man nun Pasteten und Ragouts. Den Höhepunkt des Essens bildete der Dessertgang, der aufgrund der teuren Gewürze und des Zuckers als der kostbarste Gang galt. Hierfür wurde die Tafel oft ganz neu dekoriert, oder eine weitere Tafel, die Dessertafel, stand zur Verfügung. Den Mittelpunkt bildete hier der Tafelaufsatz, in dem sich Gewürzbehälter befanden und wo Zitronen und Orangen platziert waren. Statt der Terrinen schmückten die Tafel Porzellanfiguren, über die der Hofkonditor wachte, wenn sie nicht benötigt wur-

Ausschnitt aus der Tafel im Speisesaal

den. Die Figuren symbolisierten oft den Anlass des Tafelns: So kamen bei Staatstreffen und Hochzeiten Götterfiguren zum Einsatz, bei den »Wirtschaften« aber, Kostümfesten, für die sich die Hofgesellschaft als einfaches Landvolk kostümierte, wurden Bauern-, Kleinhändler- und Handwerkerfiguren arrangiert. Die Teller des Dessertgangs wiesen oft einen durchbrochenen Rand auf und unterstrichen so die Kostbarkeit des Nachtisches. Das Besteck war meist aus vergoldetem Silber, da so die Fruchtsäuren nicht das Silber angreifen konnten. Gereicht wurden neben Kuchen und Kompott Cremespeisen und Eis.

Die untere Südwohnung

Für hochrangige Gäste mussten im Schloss Räumlichkeiten zur Verfügung stehen, die sich nur unwesentlich von denen des Landgrafen unterschieden. Das Gästeappartement im Erdgeschoss ist eine solche Wohnung, die einen ganz ähnlichen Dekor, wenngleich etwas zurückhaltender als beim Landgrafen, aufweist. Weiterhin besitzt die Wohnung durch das seitlich liegende Haupttreppenhaus einen Raum weniger, womit sie nur über ein Vorzimmer verfügt. Der bedeutendere Rang der Wohnung des Landgrafen mit ihren zwei Vorzimmern blieb somit unter Beweis gestellt.

Über den Speise- oder Gartensaal erreicht man das Appartement und betritt das **Vorzimmer** ❾. Ursprünglich waren Vor- und Schlafzimmer mit einer »Wand Bekleidung von Peckings mit rothen und grünen belaubten Bouquets und Chinesischen Vögeln« ausgestattet. 1822 wurde das Vorzimmer als »Rotes Wohnzimmer« mit dem Damastbezug

Vorzimmer der unteren Südwohnung

der vier Erdteile versehen, der später in das Schlafzimmer des Landgrafen wechselte. Diese Zweitverwendung von Stoffen deutet auf den materiellen Wert solcher Wandverkleidungen hin.

Die heutige, 1978 angebrachte Wandbespannung aus englischem Chintz, mit dem auch die Sitzmöbel bezogen sind, erinnert an die ursprüngliche Bespannung aus sogenannten Pekings, Wandbespannungen mit exotischen Motiven. Der hier aufgestellte Schreibschrank soll den Besucher ins Bewusstsein bringen, wie wichtig Geist und Esprit im 18. Jahrhundert waren.

Das 18. Jahrhundert – das Zeitalter des Esprit

Am 1. September 1715 verstarb Ludwig XIV., der Sonnenkönig. Die Hofgesellschaft verließ Schloss Versailles und richtete sich in den Salons der Pariser Palais ein. Man traf sich dort in kleinen Gesellschaften, um sich über politische und kulturelle Fragen auszutauschen. Dabei war es von Bedeutung, Geist und Esprit erkennen zu lassen: Mit geistreichen Bemerkungen voller Witz und Charme stellte man seine hervorragende Erziehung in der Gesellschaft unter Beweis. Außer der Politik drehte sich die Konversation vor allem um die aktuelle Philosophie, Opern- und Theateraufführungen sowie um die neuesten Romane. Neben dem Inhalt kamen dabei auch die Skandale um Schauspielerinnen, Schriftsteller und deren Geliebte nicht zu kurz.

Um sich ein möglichst gutes Urteil zu erlauben, aber auch, um in dieser Gesellschaft des intelligenten Esprits bestehen zu können, war eine grundlegende, wohl durchdachte und aufwendige Erziehung notwendig, die gleichermaßen Jungen wie Mädchen betraf. Die adligen Kinder erlernten das Musizieren, Tanzen und Schauspielern, die Rhetorik und das Deklamieren von Gedichten. Manch Adliger erreichte in diesen Fächern einen Status, der weit über den der professionellen Schauspieler und Musiker hinausging. Nicht minder von Bedeutung war die schriftliche Ausdrucksfähigkeit. Tagebücher waren eher für die Öffentlichkeit als für einen selbst bestimmt, und das Verfassen von Briefen, die in der Regel in Gesellschaft des Adressaten vorgelesen wurden, musste beständig geschult werden. Durch diese Briefe stand die internationale Adelsgesellschaft in regem Austausch, und die neuesten Ideen der Aufklärung, aber auch die aktuellsten Moden aus Paris konnten problemlos in ganz Europa verbreitet werden.

Schlafzimmer der unteren Südwohnung

Kabinett der unteren Südwohnung

Das **Schlafzimmer** ❿ des Gästeappartements erinnert an die Umgestaltung von 1822: So mischen sich hier die Holzvertäfelung an der Fensterwand, die Stuckdecke und die Lackkommode des Rokoko mit der frühklassizistischen Möblierung des Bettes und der Sitzmöbel. Einheitlich sind in diesem Raum Möbel und Wände mit einem Seidendamast ausgestattet, der 1971 nach historischer Vorlage nachgewebt worden ist. Die Peking-Tapeten und das Mobiliar aus der Zeit Wilhelms VIII. waren bereits vor

1814 entfernt worden, als König Jérôme das Appartement bei seinen Aufenthalten in Wilhelmsthal (damals Katharinenthal) nutzte, während seine Frau die darüber liegende Wohnung bezog.

Das anschließende **Kabinett** ⑪ weist einen kleinen Pultsekretär aus Lack auf, darüber ein Bildnis des Bauherrn, Wilhelm VIII.

Über dieses Kabinett gelangt man in die **Garderobe** ⑫ des Appartements, die in ihrer Größe der des Landgrafen entspricht. Hier stehen ein schlichter Schreibtisch und eine Bank aus der Werkstatt von Abraham Roentgen.

Das Jagdstillleben an der Wand und auch einige in der Garderobe präsentierte Gegenstände wie Sattel und Gewehre sollen an die Jagdleidenschaft des 18. Jahrhunderts erinnern. Jagden waren große höfische Feste, die minutiös vorbereitet wurden – nicht einfach nur zum Zeitvertreib der adligen Gesellschaft. Sie waren Höhepunkte bei Hochzeiten oder Bündnissen und konnten auch als Mittel der Politik genutzt werden. So konnten sich Kriegsgegner sozusagen im neutralen Zusammenhang einer Jagd treffen, um während des Waidwerks

Garderobe der unteren Südwohnung

über mögliche Friedensbündnisse zu sprechen. Es gab verschiedene Arten der Jägerei, wie die Reiher- oder Falkenjagd, die Sauhatz oder die Jagd auf Rotwild. Dabei war die Jagd seit dem Mittelalter ein reines Privileg des Adels – sehr zum Leid der Bauern, ritt die Jagdgesellschaft doch oft querfeldein über die Felder und zerstörte dabei das mühsam angebaute Getreide. Wie bedeutend die Jagd als Leidenschaft dem Einzelnen sein konnte, wird aus der Tagebuchaufzeichnung des französischen Königs Ludwig XVI. (1754–1793) deutlich: Als am 14. Juli 1789 die Bastille erstürmt und damit die Französische Revolution eingeleitet wurde, trug der König nur ein schlichtes »rien« – »nichts« – in sein Tagebuch ein, weil er an diesem Tag kein Wild erlegt hatte.

Analog zur Landgrafenwohnung folgen auf die Garderobe ein kleines Nebentreppenhaus, ein Lakaienstübchen und eine Retirade, von der aus es zum Haupttreppenhaus geht.

Die Möbelkunst des Abraham Roentgen

Bei seinem Vater erlernte Abraham Roentgen (1711–1793) das Schreinerhandwerk. Wie damals üblich begab sich der zwanzigjährige nach seiner Ausbildung auf Wanderschaft, die ihn unter anderem in die Niederlande und nach England führte. In England erlernte Roentgen die Kunst, Möbel mit gravierten Messingeinlagen und mit Marketerie zu verzieren. Ebenso lernte er in London Nikolaus Ludwig Graf von Zinzendorf (1700–1760) kennen, den Gründer der Herrnhuter Brüdergemeinde, der Roentgen

Johannes Junker, Porträt von Abraham Roentgen, 1772, Roentgen-Museum Neuwied

1738 beitrat. Aus London zurück führte ihn sein Weg über mehrere Stationen nach Herrnhaag, wo er unter einfachen Bedingungen in der Siedlung der Herrnhuter eine Werkstatt eröffnete. Abraham Roentgen belieferte von hier aus die umliegenden Adelshäuser mit Möbeln, die nach den Prinzipien der Herrnhuter angefertigt wurden: Höchste Qualität zu einem gerechten Preis. Auch beschickte er von Herrnhaag aus die Frankfurter Messe, wo er Abnehmer für seine schlichten, soliden und formschönen Möbel in höchsten Kreisen gewinnen konnte. Unter anderem erwarb Johann Caspar Goethe (1710–1782), der Vater des Dichters, hier einen Tisch mit vier Stühlen. Auf Einladung von Graf Friedrich Alexander zu Wied-Neuwied (1706–1791) zog Roentgen 1750 nach Neuwied. Hier entstanden in den Folgejahren Meisterwerke der Möbelkunst des Rokoko für die Häuser Schönborn, Walderdorff und Wied. Auch der Trierer Kurfürst wurde sein Kunde. Die meisterhafte Verarbeitung, die kostbare Ausstattung und vor allem die raffinierten Mechanismen machten die Möbel aus Neuwied zu einem begehrten Luxusgut, das auch an Fürstenhöfen Abnehmer fand. Der Siebenjährige Krieg brachte den Verkauf der Möbel allerdings bald zum Stagnieren, und es entstanden Schulden im Hause Roentgen. Da die Herrnhuter Brüdergemeinde nicht helfen wollte, kam es zu einem Zerwürfnis, bedingt auch durch den weltmännischen Lebensstil, den sich der Schreiner im Umgang mit seinen Kunden angewöhnt hatte, der aber der Bescheidenheit der Herrnhuter zuwiderlief. Auch nach Ende des Krieges kam es nicht zu einer wirtschaftlichen Entlastung. Erst durch eine Lotterie in Hamburg, bei der ein Teil des Lagerbestandes veräußert wurde, konnte die Werkstatt entlastet werden. 1772 übertrug Abraham die Geschäfte ganz auf seinen Sohn David Roentgen (1743–1814), der mit seinen frühklassizistischen Luxusmöbeln noch größere Berühmtheit erlangen sollte als sein Vater.

Abraham Roentgen, Schreibtisch, um 1760, Garderobe der unteren Südwohnung

Haupttreppenhaus

Rundgang Obergeschoss

Das Haupttreppenhaus und der Vorsaal

In deutschen Schlössern ist das Treppenhaus oftmals zentral gelegen. Hier wurde es – nach französischem Vorbild – an die Seite verlegt. Im Erdgeschoss sind Vestibül und Treppenhaus ähnlich schlicht mit grauem Stuckmarmor an den Wänden verziert. Schreitet man die steinerne Treppe hinauf, entlang des schmiedeeisernen Gitters, das die Initiale »W« für den Bauherrn Wilhelm VIII. trägt, werden die Wände des Treppenhauses immer feingliedriger und reicher gestaltet. Eine in Rosa abgesetzte, stuckierte Hohlkehle vermittelt zwischen dem weißen Deckenplafond und den grauen Wänden. Vom Gesims hängen üppige Festons mit Musikinstrumenten, die in Gold abgesetzt sind. Zusätzlich tauchen an Wänden und Hohlkehle blütenverzierte Rocailles und Putten auf und leiten so in die Beletage des Schlosses über.

Der an das **Treppenhaus** anschließende **Vorsaal** ⑬ weist eine schlichte Vertäfelung auf; einzig die Türen sind durch Schnitzereien hervorgehoben. Die Hohlkehle schmücken feine Rocailles, die in Gold abgesetzt wurden. An den Wänden hängen die Staatsporträts von Landgraf Friedrich II. und seiner zweiten Gemahlin, Landgräfin Philippine (1745–1800) – Werke, die nach 1822 hierher gelangten.

Dieser Vorsaal diente den »ensembles«, den Versammlungen der Hofgesellschaft, bevor man in den Festsaal trat. Auch konnte man dem Kartenspiel nachgehen, das im 18. Jahrhundert an den Höfen sehr beliebt war. So befinden sich hier auch zwei Spieltische und einige Stühle. Die Hussen für die Polster weisen darauf hin, wie sorgsam man im 18. Jahrhundert mit den ausgesprochen teuren Polsterungen und Möbelstoffen umging. Meist gehören zwei Hussen zu einem gepolsterten Sitzmöbel: Eine einfache Leinenhusse, die verwendet wurde, wenn der Hof abwesend war, um die Bezüge vor dem Ausbleichen durch die Sonne und vor dem Einstauben zu schützen; weiterhin oft eine Husse aus einem farbgleichen, aber einfacheren Wollstoff, die dem täglichen Bedarf genügen musste. Die eigentliche Polsterung aus Seidendamast oder Samt kam nur bei besonderen Gelegenheiten zum Einsatz.

Spielsucht im 18. Jahrhundert

Seit dem frühen 14. Jahrhundert ist das Kartenspiel in Europa verbreitet. Besonders in Frankreich entwickelten sich viele bekannte Kartenspiele wie Pharo, Piquet oder L'hombre, die sich ab dem 17. und 18. Jahrhundert in ganz Europa verbreiteten.

Das Kartenspiel gehörte zu den beliebtesten Abendvergnügungen der höfischen Gesellschaft. Dabei kam es oft zu überraschend hohen Spieleinsätzen, mit denen sich ein Adliger leicht an einem Abend ruinieren konnte. Selbst am katholischen Kaiserhof in Wien liebte man das ruinöse Kartenspiel, auch wenn es immer wieder Bewegungen gab, es zu verbieten. Kaiserin Maria Theresia (1717–1780) setzte sich oft mit ihrer Hofgesellschaft an den Kartentisch. Sie, deren Mittel nahezu unbeschränkt waren, trieb dabei die Einsätze oft in schwindelerregende Höhe. Da man nur ungern seine Herrscherin verlieren ließ, strich sie oft hohe Gewinne ein. Dabei galt es als unhöflich, nach einem hohen Gewinn den Spieltisch zu verlassen, sondern man gab den Mitspielern die Gelegenheit, wenigstens einen Teil des Gewinns zurückzuerobern. Maria Theresia gab aber oft eine dringende Audienz oder noch zu bewältigende Arbeit als Vorwand an, den Spieltisch zügig zu verlassen. Am nächsten Morgen galt es für den Verlierer, seine Spielschulden zu begleichen, waren diese schließlich Ehrenschulden. Da oft ganze Landgüter an einem Abend verloren gingen, musste man die Gunst des Herrschers gewinnen, um ein standesgemäßes Leben am Hofe weiter führen zu können. Durch finanzielle Zuweisungen brachte der Herrscher seine Hofgesellschaft in eine Abhängigkeit, mit der er die Höflinge geschickt steuern konnte.

Spieltisch, um 1750, Vorsaal im Obergeschoss

Die Supraporten des Vorsaals bilden den Auftakt zu einem Zyklus von Johann Heinrich Tischbein d. Ä., der sich über das gesamte Obergeschoss erstreckt. Dargestellt sind die Abenteuer des Prinzen Telemach, Sohn des griechischen Helden Odysseus. In der Romanfassung von François de Salignac de La Mothe-Fénelon (1651–1715) verbreitete sich die Geschichte um Telemach in ganz Europa und wurde zu einem der am meisten gelesenen Erziehungsromane des 18. Jahrhunderts. Fénelon war 1695 zum Erzieher eines Enkels Ludwigs XIV., des Thronfolgers, ernannt worden. Für seinen Zögling schrieb der Theologe und Schriftsteller mehrere unterhaltsame und zugleich belehrende Werke, worunter »Les Aventures de Télémaque« das berühmteste wurde. Darin führt der Autor Telemach und seinen Lehrer Mentor, hinter dem sich die Göttin der Weisheit, Minerva, verbirgt, durch verschiedene antike Staaten, deren Herrscher durch Schmeichler und falsche Ratgeber in ähnliche Probleme verstrickt sind wie das damalige Frankreich, das durch Armut und Kriege in seiner inneren Ordnung bedroht war. Durch die weisen Ratschläge Mentors lassen sich aber die Probleme lösen und führen zu einem friedlichen Miteinander mit den Nachbarstaaten und zu einem wachsenden Wohlstand. Der Roman »Telemach«, der ab 1698 in Abschriften am Hof zirkulierte, wurde sofort als offene Kritik an der Regierung Ludwigs XIV. verstanden, der zu dieser Zeit einen abgehobenen Regierungsstil pflegte. Deshalb wurde Fénelon die Erziehung des Thronfolgers 1699 entzogen, und als die Schrift im selben Jahr in gedruckter Version erschien, wurde der Autor vom Hof verbannt. Im 18. Jahrhundert verstand man den Roman aber verstärkt als eine aufbauende Ermahnung zur guten Regierung, und er wurde an den Höfen in vielerlei unterschiedlichen Kunstwerken umgesetzt, wie hier in den Gemälden Tischbeins.

Das Appartement der Landgräfin

Die Wohnung der Landgräfin war von Wilhelm VIII., dessen Gemahlin bereits vor Fertigstellung von Wilhelmsthal verstorben war, im Hinblick auf die nachfolgenden Generationen eingerichtet worden. Die Vertäfelung ist im **Vorzimmer** 14 von derselben hellblauen Farbigkeit wie die des Landgrafen. Ist sie dort schlicht gehalten, um den fein geschnitz-

Vorzimmer der Landgräfin

Schlafzimmer der Landgräfin

ten Rahmen der Schönheitengalerie Platz zu geben, so weist sie hier feine Schnitzereien mit herabhängenden Jagdtrophäen, Zweigen und Vögeln wie Fasanen und Reihern auf, die in Gold gehöht wurden.

Ungewöhnlicherweise führt der Weg in das **Schlafzimmer** 15 nur durch eine Tapetentür, wohinter sich auch noch Nebenräume befanden, sodass dies kein offizieller Weg in das Schlafzimmer der Landgräfin sein konnte – dieser führte einzig über den großen Festsaal in das Schlafzimmer. Zwei Möglichkeiten tun sich auf, um in das Schlafzimmer zu zu gelangen: der offizielle und der inoffizielle Weg. Das Schlafzimmer der Landgräfin ist wieder im Stile des Frühklassizismus eingerichtet und entspricht somit der Möblierung um 1822. Damals ersetzte man das Rokokomobiliar durch Möbel, die teilweise aus Schloss Wilhelmshöhe stammten, wie das Bett und die Stühle. Der Seidendamast ist historischen Vorlagen nachgewebt.

Dem Schlafzimmer schließt sich das **Kabinett** 16 an, das mit einer besonders exquisiten Vertäfelung ausgestattet ist. Wände und Türen weisen farbig gefasste Rocailles, Blüten und Musikinstrumente auf, die in immer neuen Variationen zusammengestellt sind.

Kabinett der Landgräfin

Selbstverständlich folgt auch bei der Wohnung der Landgräfin eine schlicht vertäfelte **Garderobe** ⓱. Bei dem hier aufgestellten Lackmöbel handelt es sich um eine »poudreuse«, einen Schminktisch, der gleichermaßen bei Damen wie Herren Verwendung fand.

Garderobe der Landgräfin

An die Garderobe der Landgräfin schließen sich die Nebenräume an, hier ungewöhnlicherweise eine kleine **Kaffeeküche** ⓲. Sowohl die Dienerschaft als auch die Landgräfin selbst konnten hier eines der begehrten Modegetränke zubereiten, war es doch durchaus üblich, dass auch die Fürsten für ihre Gäste die Heißgetränke kochten. So wissen wir, dass der französische König Ludwig XV. (1710–1774) in den Gemächern seiner Mätresse Madame de Pompadour (1721–1764) für die gemeinsamen Gäste nach dem Essen den Kaffee selbst zubereitete. Durch die Lage der kleinen Küche konnte man die Luxusgetränke ebenso schnell in das Kabinett der Landgräfin wie in deren Vorzimmer bringen. Über das Treppenhaus gelangt man an einer Retirade vorbei wieder in den Vorsaal.

Kaffeeküche der Landgräfin

Porzellan in Schloss Wilhelmsthal

Auch in Kassel war man seit dem 17. Jahrhundert der »maladie de Porcelaine«, der Porzellankrankheit verfallen. Bereits die Mutter von Landgraf Wilhelm VIII. hatte eine Kollektion von ostasiatischen Porzellanen, die meist in blau-weiß gehalten waren. Ihr Sohn pflegte diese Leidenschaft weiter, zumal er als Statthalter in den Niederlanden guten Zugang zu den ostasiatischen Porzellanen hatte. Sein Geschmack zielte dabei eher auf polychrome, also farbig bemalte Porzellane ab, von denen er ganze Sätze, aus mehreren Vasen bestehend, erwarb. Ursprünglich fanden diese kostbaren Erzeugnisse des Weißen Goldes in einer extra dafür eingerichteten Galerie im Palais in der Kasseler Oberneustadt Aufstellung. Später wanderten sie von dort in das Erdgeschoss der Gemäldegalerie. Erst im 19. Jahrhundert wurden sie nach Wilhelmsthal verbracht. Überwiegend handelt es sich bei den ostasiatischen Porzellanen um japanische Imari- und Kakiemon-Ware, doch sind auch chinesische Stücke vertreten. Die Bezeichnung Imari leitet sich vom Namen des Hafens ab, von dem aus das in Arita produzierte Porzellan nach Europa verschifft wurde. Das Porzellan ist dicht bemalt, der Dekor meist symmetrisch angelegt. Der Name Kakiemon hingegen geht

Zwei Deckelvasen mit durchbrochener Wandung und Fo-Hunden als Knauf, (Imari-Ware), Japan, Arita, um 1700, Zweites Vorzimmer des Landgrafen

auf den Begründer der gleichnamigen, bei Arita gelegenen Porzellanmanufaktur zurück, deren Ware eher asymmetrisch dekoriert und mit sparsam aufgetragener Malerei in Blau, Orangerot und Grün verziert ist. Die schlichten Kakiemon-Dekore entsprachen eher den Vorstellungen des 18. Jahrhunderts und liefen den Imari-Dekoren den Rang ab. Bis weit in das 18. Jahrhundert wurden sie auch von den europäischen Porzellanmanufakturen kopiert. Friedrich II. war ebenso wie sein Vater der Porzellanleidenschaft verfallen, doch galt seine Vorliebe vor allem den europäischen Manufakturen wie Meissen, Berlin oder Wien. So hat sich auch hier eine Vielzahl von Arbeiten in Wilhelmsthal erhalten, die aber zumeist – wie auch die ostasiatischen Porzellane – erst im 19. Jahrhundert hierher gelangten. Wie begehrt das Weiße Gold war, zeigt sich etwa an einer an einer Prunkuhr, die heute im Schlafzimmer der Landgräfin aufgestellt ist. Hier wurden verschiedene figürliche Gruppen, die in Meissen hergestellt wurden, in Paris mit einer Kutsche aus vergoldeter Bronze zu einer Uhr zusammengeführt. Weiterhin fügte man dem zusammengestellten Werk naturalistische Blumen aus Porzellan bei. Wahrscheinlich entstand das Werk im Auftrag eines Luxuswarenhändlers für seine kaufkräftige Kundschaft.

Triumphwagen der Minerva als Tischuhr. Uhr: Collier fils à Paris, um 1760–1770, Porzellan: Meissen, um 1740–1750, Schlafzimmer der Landgräfin

Damenmode im 18. Jahrhundert

Die Dame des 18. Jahrhunderts trug über einem langen Hemd und dem Korsett ein geschnürtes Mieder, die »taille«, einen geschlossenen Rock und einen darüber liegenden weit fallenden Mantel, »le manteau«. Dieser wurde vorne offen getragen, während er hinten und seitlich mit Tournüren, Reifen aus Metall, Holz oder Walfischbein aufgesteckt war. Die meist sehr spitz zulaufende »taille« hatte ein großes Dekolltée, und die kurzen Ärmel endeten mit zwei- oder dreilagig angesetzten Spitzen. Die oft sehr farbigen Roben konnten zusätzlich mit Borten, Bändern, Schleifen, Blumen oder Stickereien verziert sein. In einer »maison de plaisance« bevorzugten die Damen auch an den Höfen ein einfacheres Kleid, das die Bewegungsfreiheit weni-

Johann Heinrich Tischbein d. Ä., Eine Frau von Rohden, um 1785/90, Garderobe der Landgräfin

ger einengte – die »robe en sac«. Dabei handelte es sich um ein einfaches Kleid mit tiefem Ausschnitt, das man über Korsett und Hemd legte. Im Laufe des 18. Jahrhunderts wurden die Frisuren immer höher aufgetürmt – und konnten zusätzlich noch mit Diamantagraffen, Federn, Blumen und Schleifen betont sein. Oft trugen die Damen aber auch eine Perücke, die wie bei den Herren gepudert wurde. Dabei warf man meist feinstes Weizenmehl nach oben, das dann gleichmäßig auf die mit Pomade versehene Perücke fiel. Der französische Schriftsteller Louis Sébastien Mercier (1740–1814) schrieb nach einem Besuch beim Perückenmacher in seinem Werk »Mein Bild von Paris« (1781/88): »Stellt Euch sämtlichen Dreck vor, der im Thronsaal der Unsauberkeit aufgehäuft sein mag, und schon wißt Ihr, wie es in der Bude aussieht, in die man sich begibt, wenn man ordentlich aussehen will. Ihre mit Puder und Pomade beschmierten Fenster lassen vom Tageslicht kaum einen Schimmer durch, den Fußboden hat das Seifenwasser ausgelaugt und zerfressen. Das Deckengebälk ist mit einer dicken Staubschicht bepflastert, und von den Ecken baumeln in ihren ausgedehnten weißen Netzen tote Spinnen, kläglich erstickt an den Schwaden eines pausenlos tätigen Pulvervulkans. Hütet Euch, diese Schreckenskammer jemals zu betreten, laßt es, wie ich, dabei bewenden, ihr Inneres durch eine zerbrochene Scheibe auszuspähen.« In den Garderoben einer Fürstin oder eines Fürsten wird es beim Pudern der Perücke nicht anders ausgesehen haben. Da das Ankleiden mit einer Hofrobe zwei oder sogar drei Stunden dauern konnte, war es selbstverständlich, dass man auch in der Garderobe Gäste empfing – vom Beichtvater bis zur Hofdame.

La distraite. Galerie des modes et costumes francais [...], Paris, 1778 -1787, Hochschule für Musik und Theater »Felix Mendelssohn Bartholdy« Leipzig, Hochschulbibliothek

Der Musensaal

Höhepunkt der Raumabfolge in der ersten Etage ist wiederum ein Salon, der zentral gelegene **Tanz- und Musensaal** 19 . Dieser ist nach den fünf Supraporten aus der Hand des Hofmalers Tischbein benannt, die den Gott Apoll mit seinen neun Begleiterinnen, den Musen, zeigen, die jeweils zu Paaren angeordnet sind. Sie versinnbildlichen die Blüte der Kunst und Kultur unter Landgraf Wilhelm VIII. und weisen auf die Funktion des Saals hin.

Johann Heinrich Tischbein d. Ä., Klio, Muse der epischen Dichtung, und Kalliope, um 1760, Musensaal

Musensaal im Obergeschoss

Im Vergleich mit dem darunterliegenden Garten- oder Speisesaal sind hier Farbigkeit und Ornamentik noch gesteigert: So ist die Hohlkehle in Meergrün abgesetzt, die Wände sind aprikosenfarben gefasst. Darüber liegt ein feines Gespinst zarter Rocailles, die in Gold abgesetzt sind. Die Trophäen verweisen auf die Jahreszeiten, vor allem aber auf Musik und Maskenfeste, für die der Raum genutzt wurde. Die Ofennischen wurden neben Rocailles und Blütenranken auch mit Palmwedeln und Drachen ausgestattet.

Tatsächlich kann man sich vorstellen, wie sich hier die Hofgesellschaft abends einfand, um gemeinsam zu musizieren. Die Beherrschung eines oder mehrerer Instrumente war beim Adel des 18. Jahrhunderts selbstverständlich, worauf die hier gezeigten Musikinstrumente hinweisen sollen. Auch konnte der elegante Saal für kleinere Tanzvergnügungen genutzt werden.

Über den Musensaal gelangt man in die Gästewohnung der ersten Etage.

Die obere Südwohnung

Dieses Appartement ist in der Grundfläche das Kleinste. Ursprünglich – und so ist es wieder eingerichtet – verfügte es über ein **Vorzimmer** [20], dem sich gleich das Kabinett anschloss. Dahinter lagen ein kleines Alkoven-Schlafzimmer und eine Garderobe mit Retirade. Bereits im Inventar von 1788 ist eine Nutzung des Vorzimmers als Schlafzimmer verzeichnet, eine Raumfolge, die auch Katharina übernahm. 1822 wurde es zum sogenannten »Roten Schreibzimmer« umgestaltet, erhielt den heutigen Kamin, neues Mobiliar sowie die Lyoner Seidenbespannungen, die ursprünglich aus Schloss Wilhelmshöhe stammten; es sind also noch Gewebe aus dem 18. Jahrhundert. Das Muster zeigt unter anderem zwei Tee trinkende, Papageien haltende Chinesen. Bei der jüngsten Neugestaltung Wilhelmsthals 2018/19 wurde das Thema Kaffee, Tee und Schokolade noch einmal mit dem Mobiliar aufgegriffen.

Vorzimmer der oberen Südwohnung

Kaffeeservice: Kaffeekanne, Porzellanmanufaktur Fulda, 1781-88, Tablett und Tassen mit Untertassen: Wiener Porzellanmanufaktur, um 1780, Vorzimmer der oberen Südwohnung

Kabinett der oberen Südwohnung - »Das Papageienkabinett«

Kaffee, Tee und Schokolade

Kaffee, Tee und Schokolade setzten sich gegen Ende des 17. Jahrhunderts durch und lösten das warme Würzbier als Morgengetränk ab. Besonders dem Kaffee schrieb man auch medizinische Wirkung zu, und so empfahlen medizinische Bücher um 1700 noch, man solle 50 Tassen Kaffee am Tag trinken! Während des 18. Jahrhunderts stiegen die Heißgetränke zu Modegetränken auf, um deren Servieren und Trinken sich ein Ritus entwickelte. Für den Tee hatte man bereits aus China Gefäßformen wie Kanne und Kummen, henkellose Tassen, importiert. Anders sah es bei der Kaffee- und Schokoladenkanne aus. Im ersten Drittel des 18. Jahrhunderts hatte man noch mit den Kannenformen experimentiert, bis sich die aus Silber, Keramik und vor allem aus Porzellan gefertigte Birnenform durchsetzte. Die Schokoladenkanne unterschied sich von der Kaffeekanne dadurch, dass der Deckel ein Loch aufwies, durch das der Stiel eines Quirls geführt werden konnte. Dieser war notwendig, um die Schokolade mit dem Wasser bzw. der Milch zu verrühren. Die Teekannen des 18. Jahrhunderts sind zumeist relativ klein – man muss sich hier eher einen Teeextrakt vorstellen, der für den Geschmack des einzelnen noch mit heißem Wasser verdünnt werden konnte. Aus einer Teedose füllte man den Tee in die Kanne, wo er mit heißem Wasser aufgegossen wurde. Anschließend goss man den Tee in die Kummen, wo er gesüßt wurde. Da sich noch Blätter in dem Tee befinden konnten, wurde der Tee von der Kumme in die Unterschalen gegossen, wo er auch schneller abkühlte. Dazu legte man den Löffel in der Löffelschale ab, die zu jedem Service gehörte. Die Unterschalen sind also keine Untertassen, wie wir sie heute kennen, sondern das eigentliche Trinkgefäß. Bei den frühen Services, etwa aus Meissen, weisen diese deshalb meist keinen Standring für die Tasse auf und sind durchgängig bemalt. Erst ab den 1740er und 1750er Jahren setzten sich Serviceformen durch, wie wir sie auch heute kennen: Die Kaffeetassen sind dabei höher als die halbkugelförmigen Teetassen, und beide besitzen einen Henkel. Die Unterschale entwickelte sich zu einer Untertasse mit Standring, die dann auch entsprechend bemalt wurde. Für die Schokolade, deren Zubereitung aufwendiger war, benutzte man gerne eine »trembleuse«: Hier wurde der Standring der Unterschale durchbrochen höher geführt, um der Tasse einen sicheren Halt zu verleihen. Somit konnte das Getränk leichter serviert werden. Service gab es im 18. Jahrhundert in den verschiedensten Zusammenstellungen – für eine, zwei oder sechs Personen. In Lederkoffern geschützt wurden die kostbaren Porzellanservice häufig auch verschenkt. Erst in der zweiten Hälfte des 18. Jahrhunderts kam es dann zu immer mehr Manufakturgründungen, was das Weiße Gold erschwinglicher werden ließ, sodass nun auch bürgerliche Kreise Zugang nicht nur zu Kaffee, Tee und Schokolade, sondern auch zu Porzellanservice hatten.

Ungewöhnlich ist die Lage des **Kabinetts** ㉑ in diesem Appartement: noch vor dem Schlafzimmer. Dafür gehört das Kabinett zu einer der schönsten Raumschöpfungen des 18. Jahrhunderts in Deutschland und ist ganz den Formvorstellungen des friderizianischen Rokoko verpflichtet. Der vergleichsweise große Raum weist vier Fenster auf, wobei man hier auch auf den Altan gehen konnte, um im Freien zu sein.

Die Vertäfelungen sind in einem Apfelgrün gehalten und reich mit in Gold und Weiß gehöhten Rocailles gegliedert. Stark heben sich die farbig gefassten Schnitzereien ab, die in den Türflügeln Trauben pickende Aras und Wasser speiende Reiher zeigen. Auf der Nord- und Südwand des Kabinetts erkennt man Sittiche, die in von Kirschzweigen umrahmten Käfigen sitzen. Die einzelnen Stäbe der Käfige wurden dabei plastisch aus dem Holz geschnitten.

Obgleich ausgesprochen reich und farbenprächtig, ist der Dekor doch zurückhaltend eingesetzt und von einer vornehmen Eleganz. Gerade dies macht das Papageienkabinett zu einer der eindrucksvollsten Raumschöpfungen Nahls, dessen ursprüngliche Schönheit nur durch den 1822 eingebauten Kamin beeinträchtigt wird.

An das Kabinett reiht sich ein sehr kleiner Raum an, dessen Schmalseite als Alkoven geformt ist. Im **Alkovenschlafzimmer** ㉒ konnte für eine Person ein Bett untergebracht werden, womit das Appartement vollständig als Gästewoh-

Alkovenschlafzimmer der oberen Südwohnung

nung ausgewiesen war. Solche Nischen mit eingebauten Betten finden sich bei Cuvilliés öfter, so etwa in den »Reichen Zimmern« der Münchner Residenz oder in der Amalienburg in Schloss Nymphenburg. Im Gegensatz zu den dortigen Situationen ist in diesem Raum keine Vertäfelung vorhanden, sondern nur Teile einer um 1780 entstandenen Papiertapete aus China, die um 1822 angebracht wurde.

Bereits unter Friedrich II. wurde ein Spielzimmer eingerichtet – im Zuge der Neueinrichtung von Wilhelmsthal 2018/19 ist hier wieder ein Bett in den Alkoven eingesetzt, um auf die ursprüngliche Nutzung als Gästeappartement hinzuweisen.

Johann Heinrich d. Ä. Tischbein, Fräulein von Baumbach, 1755, Schloss Wilhelmsthal, Erstes Vorzimmer des Landgrafen (Schönheitengalerie)

Maskenbälle und Schauspiel

Einige Dekorationen im Kabinett verweisen auf die Lust der höfischen Gesellschaft an Maskierungen. Auf die äußerst beliebten Wirtschaften (Kostümfeste), bei denen sich die Hofgesellschaft als Bauern oder Kleinhändler verkleidete, der Fürst und die Fürstin als Wirt und Wirtin fungierten, ist bereits hingewiesen worden. Sie hatten den Vorteil, dass durch das Kostüm alle Teilnehmenden sozusagen den gleichen Rang aufwiesen und sich frei bewegen konnten, was ansonsten die Etikette und das Zeremoniell verboten.

Beliebt waren an vielen deutschen Fürstenhöfen die Orden, bei denen sich die Teilnehmenden als Schäfer verkleideten, die nach Arkadien pilgerten. Die Zeit vertrieb man sich in den Sommerschlössern auch damit, aktuelle Theaterstücke einzustudieren und vorzuführen. Ganze Singspiele konnten so zur Aufführung gebracht werden. Durch die hervorragende Ausbildung der Adligen in dieser Zeit waren sie in der Lage, auch größere Arien zu singen. Fürstliche Kinder beteiligten sich oft an den Balletten, die während einer solchen Aufführung gezeigt wurden, was zugleich der Erziehung der Kinder diente. Die Musik wurde durch Ensembles zur Aufführung gebracht, die sich nicht nur aus den Hofmusikern zusammensetzen, sondern aus der gesamten Hofgesellschaft – vom Adligen bis zum Küchenpersonal. Denn viele Menschen des 18. Jahrhunderts waren in der Lage, mindestens ein Instrument zu spielen. Auf diese Weise konnte sich die Hofgesellschaft selbst unterhalten.

Das Appartement endet in gewohnter Weise mit einer (kleinen) **Garderobe** ㉓ und einer Retirade. Die Garderobe ist dabei 1822 neu tapeziert worden. Die beiden Kupferstiche an den Wänden zeigen Jérôme und seine Gemahlin Katharina als Verweis darauf, dass das Königspaar auf dieser Seite des Schlosses wohnte. An diesem Ort endet die Führung durch die Paradezimmer von Schloss Wilhelmsthal.

Garderobe der oberen Südwohnung

Hinter den Kulissen

Die raumreichen Appartements von Schloss Wilhelmsthal, die immer nur für eine Person bestimmt waren, täuschen darüber hinweg, dass das Leben in Schlössern beengt war. Neben der fürstlichen Familie und ihren Gästen musste noch der Hofstaat mit der umfangreichen Dienerschaft untergebracht werden.

Zusätzliche Wohnungen befanden sich nicht nur in den Seitenflügeln der Schlossanlage, sondern auch unter dem Dachstuhl. Diese Wohnungen in der sogenannten **Mansarde** 24 bestanden in der Regel aus einem Zimmer und waren unmittelbar über einen mittleren Flur erreichbar. Zu diesem wiederum fand man Zugang über die kleinen, seitlich gelegenen Treppenhäuser. Es galt dabei durchaus als eine Auszeichnung, wenn man ein solches Zimmer unter dem Dach alleine bewohnen konnte. Die Möblierung war ausgesprochen schlicht und bestand aus Möbeln aus Nadelholz, die einen einfachen, lichtgrauen Anstrich aufwiesen. Einige Möbel haben sich noch erhalten, so auch zwei eingebaute Wandschränke, die als Schreibsekretär dienten. Weiterhin fanden hier altmodische Möbel Verwendung, die vom Hofe ausgemustert worden waren.

Schlafkammer des südlichen Gästezimmers im Mansardengeschoss

Landschlösser waren im 18. Jahrhundert nicht beständig möbliert. War ein Aufenthalt in Schloss Wilhelmsthal geplant, so wurde dieser sehr sorgfältig wochenlang vorbereitet. Zunächst wurde die Anzahl der Personen festgelegt, die den Fürsten begleiten konnten. Es galt dabei als hohe Auszeichnung, wenn man dem Herrscher auf seinem Landsitz Gesellschaft leisten durfte. Nach Anzahl der Gäste und Größe der Hofgesellschaft musste auch die notwendige Dienerschaft mitreisen, die Kammerfrauen, Näherinnen und Wäscherinnen, das Personal für die Küche und für den Stall. Weiterhin musste für den Aufenthalt die Ernährungsfrage geklärt werden: Weine und Speisen wie Schinken wurden aus dem Kasseler Residenzschloss nach Wilhelmsthal geschickt.

Waren die Zimmer zugewiesen, so mussten sie möbliert werden. Hierfür standen in Wilhelmsthal Möbelkammern zur Verfügung, mit deren Bestand man das Mobiliar der Räume entsprechend aufstocken konnte. Besonders kostbare Möbel – in unserem Falle die Lackkommoden – standen nicht permanent in Wilhelmsthal, sondern wurden zumeist aus der Residenz in das Landschloss mitgebracht. Gleiches galt für die kostbaren Silber- und Porzellangeschirre, die Tisch- und Bettwäsche und das Kupfergeschirr für die Küche. Wenn ein besonders hoher Gast sein Kommen angekündigt hatte, konnte das Gästeappartement mit Textilien wie Wirkteppichen, Seidendamasten oder Samten reicher ausgestattet werden. Ebenso wurde auch mit dem Bildschmuck verfahren. Oftmals konnte man bei den Sitzmöbeln die Polsterungen auswechseln. So bevorzugte man in den Sommermonaten Seidenstoffe, in der kälteren Jahreszeit aber Samte. Die Stühle, die zum Essen benötigt wurden, waren für gewöhnlich mit Rosshaar oder Leder bezogen, wie sie sich heute noch in Wilhelmsthal erhalten haben.

Hier zeigt sich, dass Schlösser bewegliche Einrichtungen hatten, auch wenn uns historische Inventare dazu verlocken, sich vorzustellen, das Schloss sei so eingerichtet gewesen wie in der Quelle beschrieben. Die Räume waren durch beständige Änderungen gekennzeichnet, auch wenn der Hof anwesend war. So wurde bereits darauf hingewiesen, dass der Gartensaal auch als Speisesaal dienen konnte, indem man hier einfach einen Tisch aufstellte. Für die abendlichen Versammlungen des Hofes konnten in den Vorzimmern oder im Musensaal klappbare Spieltische aufgestellt werden. Auch waren die fürstlichen Appartements in der Regel längst nicht so leer, wie sie uns heute scheinen: Neben den Prunkmöbeln, die für das Zeremoniell benötigt wurden, standen schlichtere, einfachere Möbel, die für das tägliche Leben benötigt wurden – meist aus dem Privatbesitz des Fürsten, weshalb sie in den Inventaren nicht auftauchen. So lassen sich in den Wohnungen der Fürstinnen ab der Mitte des 18. Jahrhunderts immer häufiger Kindermöbel nachweisen. Dieses Mobiliar wurde aber entfernt, wenn man einen besonders hochrangigen Tagesgast erwartete. Dies alles zeigt, wie sorgfältig ein Aufenthalt auf dem Lande geplant werden musste. Hierfür war eine Reihe von Nebenräumen notwendig. Diese sind nun teilweise in Schloss Wilhelmsthal zu besichtigen.

Im Dachgeschoss befanden sich Zimmer, die hauptsächlich hochrangige Mitglieder des Hofstaates bewohnten. Sie wurden alle 1822, als das Schloss umgestaltet wurde, neu tapeziert – entweder mit älteren ostasiatischen Tapeten aus der Zeit von 1750 bis 1780 oder mit den neuen, aktuellen Biedermeiertapeten.

Auf einige Mitglieder des Kasseler Hofstaates wird in den Räumen hingewiesen, so auf Adolph Freiherr von Knigge (1752–1796), den bekannten deutschen Schriftsteller und Aufklärer. Er entstammte einer alten, aber verarmten niedersächsischen Adelsfamilie und wurde 1771 von Landgraf Friedrich II. zum Hofjunker und Assessor der Kriegs- und Domänenkammer ernannt. Allerdings bekleidete er das Amt nur kurz, weil er sich »durch amtliche und gesellige Misshelligkeiten unmöglich machte.« Nachdem er den Hof verlassen hatte, lebte er zwischen 1777 und 1780 am Hof des Erbprinzen und späteren Kurfürsten Wilhelm I. in Hanau, doch fiel er auch hier in Ungnade und musste erneut fliehen. Der Freigeist, der mit dem Hofleben nicht zurechtkam, lebte anschließend in Frankfurt, Heidelberg, Hannover und Bremen, wo er starb. 1788 – also schon fern vom Kasseler Hof – schrieb er sein bekanntestes Werk: »Über den Umgang mit Menschen«.

1773 heiratete er Karoline Henriette von Baumbach (1749–1808), eine Hofdame Landgräfin Philippines. Kurz zuvor hatte Knigge Karoline Henriette einen Streich gespielt, indem er ihr einen Schuh stahl, doch stellte diese Posse Frau von Baumbach bloß. Angeblich nötigte Landgräfin Philippine Knigge daraufhin zu dieser Heirat.

Steht das Ehepaar Knigge für das 18. Jahrhundert, so das Ehepaar Rabe von Pappenheim für die napoleonische Zeit. Wilhelm Maximilian Rabe von Pappenheim (1764–1815) entstammte einem nordhessischen Adelsgeschlecht und trat zunächst eine Militärlaufbahn in Hessen-Kassel an.

Jacob Fehrmann, Porträt Adolph Freiherr von Knigge (1752–1796), 1794, Focke-Museum, Bremer Landesmuseum für Kunst und Kulturgeschichte

Aufgrund eines Nervenleidens musste er seinen Abschied nehmen und trat dann als Kammerherr und Oberhofmeister seinen Dienst beim Erbprinzen Carl Friedrich von Sachsen-Weimar-Eisenach (1783–1853) an. Dort lernte er Diana Waldner von Freundstein (1788–1844) kennen, die als Hofdame der Zarentochter und Erbprinzessin Maria Pawlowna (1786–1859) diente. Rabe von Pappenheim heiratete die junge, hübsche Frau. 1808 musste das Ehepaar Weimar

Kopie nach Friedrich August Tischbein, Diana Rabe von Pappenheim (1788–1844), um 1810, Privatbesitz

verlassen, weil alle Westphalen auf Geheiß von Jérôme in das neu geschaffene Königreich Westphalen zurückkehren mussten, wollten sie nicht ihre Güter verlieren. So wurde Wilhelm Kammerherr von König Jérôme, Diana Kammerfrau bei Königin Katharina. Wilhelm zog sich möglichst oft vom Hofleben zurück und weilte in seinem Landgut in Stammen bzw. suchte Linderung für sein Nervenleiden in Heilbädern, während die gemeinsamen Söhne in Pension gegeben wurden. Die zwanzig Jahre jüngere Diana aber genoss das Leben am Hof von »König Lustik«. Sie wurde Geliebte des Staatsministers Pierre Alexandre le Camus (1774–1824), Günstling Napoleons. Als dieser 1809 Gräfin Adelaide von Hardenberg ehelichte, trennte er sich von seiner Geliebten, die nun das Interesse des Königs weckte. Jérôme hatte mit seiner Mätresse zwei Kinder.

Aufgrund dieses Skandals suchte Wilhelm nun immer mehr, den Hof zu meiden, obgleich er in den Grafenstand erhoben worden war. Er starb 1815 auf seinen Gütern. Seine Witwe Diana – inzwischen hatte der König aus Kassel fliehen müssen – ging zurück nach Weimar, wo sie den Staatsminister Ernst Christian August von Gersdorff (1781–1852) heiratete.

Die Biographien beider Paare machen deutlich, wie wechselvoll ein Leben bei Hof im 18. und 19. Jahrhundert sein konnte.

Der Kirchflügel

Der **Kirchflügel** 25 war der erste fertig gestellte Gebäudetrakt in Wilhelmsthal. 1749 stand der Rohbau, die Einrichtungsarbeiten dauerten bis 1752. Hier entstand eine kleine Übergangswohnung für den Landgrafen mit Vor- und Schlafzimmer sowie einem Kabinett. Wilhelm VIII. ließ eigens für diese Räumlichkeiten eine Anzahl von Gemälden beim Frankfurter Maler Christian Georg Schütz d. Ä. (1718–1791) in Auftrag geben. Gemeinsam mit den Kaminen und Teilen der Holzvertäfelung haben sie sich bis heute erhalten. Die Seidenbespannungen wurden 1822 durch Papiertapeten ausgetauscht, die noch zu sehen sind. Gegenüber der landgräflichen Wohnung, die später für Gäste genutzt wurde, befand sich ein Ecksaal, der bereits 1767

Kapellenraum im Kirchflügel, Blick auf die Kurfürstenloge

von Friedrich II. als Kirche für den katholischen Gottesdienst eingerichtet wurde. Unter Jérôme wurde der Raum geräumt, nach 1816 aber wieder eingerichtet – nun für den protestantischen Gottesdienst. Anlässlich der Renovierung des Schlosses von 1822 wurde eine Empore für die kurfürstliche Familie eingezogen.

Im ersten Stock des Nordflügels lagen ursprünglich zwei weitere kleine Wohnungen. Die Mansarde wurde auch hier von der Dienerschaft bewohnt.

Christian Georg Schütz d. Ä., Supraporte mit Ruinenlandschaft, 1751, Kirchflügel, Vorzimmer des Landgrafen

Hauptküche

Der Küchenflügel

Aufgrund der Schwierigkeiten mit der vom Boden heraufdringenden Feuchtigkeit zogen sich die Bauarbeiten am **Küchenflügel** 26 von 1748 bis 1753 hin. Er war vor allem dazu bestimmt, die Wirtschaftsräume aufzunehmen. So lagen im Keller Bäckerei, Konditorei, der Pastetenofen und ein Vorratsraum. Darüber waren die Haupt- und Nebenküche untergebracht sowie die Silberkammer, in der das Tafelsilber verwahrt wurde. Im Obergeschoss und in der Mansarde befanden sich Wohnungen für den Hofstaat und die Dienerschaft.

1975 wurde die Hauptküche wiederhergestellt und entspricht nun weitestgehend dem Zustand um 1757. Dominiert wird der Raum von dem mächtigen Kamin mit dem darunterliegenden Herd. Im unteren Bereich des Herdes kann das notwendige Brennholz gelagert werden. Die Bratenwendemaschine im Kamin gehört dabei noch zur Originalausstattung der Küche.

Der Park

Der wesentliche Reiz einer »maison de plaisance« liegt in ihrem Garten, in dem sich die Hofgesellschaft tagsüber bei schönem Wetter aufhielt. Entsprechend musste die Parkanlage mehreren Aufgaben gerecht werden: Sie musste genügend Fläche zum Flanieren ebenso bieten wie immer wieder überraschende Blickachsen, um die Hofgesellschaft zu erfreuen. Auch sollte die Anlage ausreichend Platz für Gesellschaftsspiele und kleinere Bauten aufweisen; eine Grotte und eine Menagerie boten ebenso Schatten wie Vergnügungen. Da der Park ein zentrales Element eines Landschlosses war, oblag die Planung auch dem Architekten Cuvilliés. Leider hat sich sein Generalplan nicht erhalten. Durch den Bauleiter Johann Georg Fünck aber liegt ein Generalplan vor.

Die Planungen gehen dabei Jahre zurück: So wurde bereits 1744 mit der Ausgestaltung der Südachse begonnen, sodass zu diesem Zeitpunkt bereits die Hauptachsen festgelegt worden sein musste. Auch hat sich ein Modell der geplanten Anlage aus Holz erhalten, dass heute im Vestibül des Schlosses steht. Mit Fortschreiten des Baus wurde auch der Generalplan für den Park revidiert und immer wieder überarbeitet.

Die Grundform des Parks ist ein symmetrisches Fünfeck, dass sich vom Schloss als Mittelpunkt fächerförmig ausweitet. Zentrales Element ist die Ost-West-Achse, die von einem großen Wasserreservoir und einer von dort ausgehenden Kaskade, die bis zum Schloss führt, dominiert wird. Zwar legte man das Reservoir und die Kaskade an, sie wurden aber nicht zur Vollendung gebracht. Ähnliches gilt für ein halbkreisförmiges Marstallgebäude am Schloss, das nie ausgeführt wurde. Dagegen war die Südachse bereits 1752 ausgeführt, die von einem Kanal bestimmt wird, der in einer Grotte endet. Dahinter lag eine Geflügelmenagerie. Die Nordachse war weitestgehend vorgegeben: Hier legte man einen Weg parallel zum Bachlauf an und griff nur bedingt in das Gelände ein, womit eine relativ natürliche Wirkung in diesem Teil des Parks erzeugt

Johann Georg Fünck, Generalplan Wilhelmsthal, um 1752, MHK, Graphische Sammlung

wurde. Neben den drei Hauptachsen war der Park vor allem durch die Boskette, kunstvoll geschnittene Heckenquartiere, geprägt.

Umgeben ist der Park mit einer niedrigen Mauer, die mit Toren durchsetzt ist, womit ein Blick in die umgebende Landschaft erlaubt wird. Dies war durchaus beabsichtigt, legte doch Landgraf Friedrich II. im Westen einen eingezäunten Tiergarten mit Rot- und Damhirschen vor dem Park an, der von einem Netz aus Alleen und Wegen durchzogen war. An den Kreuzungspunkten versammelte sich die fürstliche Jagdgesellschaft. Ausgangspunkt war das am Eingang des Tiergartens

Johann Georg Fünck, Entwurf für ein Chinesisches Haus, 1746/47, MHK, Graphische Sammlung

gelegene große »Linden Runt«, ein Rondell, das man heute noch sehen kann, wenn man sich dem Schloss von Westen her nähert.

Bereits in ihrer Entstehungszeit viel bewundert wurde die Grotte der Südachse, die in ihrer Grundkonzeption auf Georg Wenzeslaus von Knobelsdorff (1699–1753) zurückgeht, den Hofarchitekten von König Friedrich II. von Preußen (1712–1786). Sie wurde bereits 1743 konzipiert und 1746 fertig gestellt.

Das Herz der Grotte ist ein pavillonartiges Gebäude, das sich mit drei Fenstern zum Kanal hin öffnet. Zwei bogenförmige Stützmauern führen den Flanierenden zum terrassenförmigen Dach, das man über Treppen besteigen kann. Die Mauern umfassen dabei ein Becken mit einem schmalen Randweg, der mit zwei weiteren Türen in das Innere der Grotte führt. Ursprünglich war der Raum mit verschiedenartigem, zerklüftetem Gestein, mit Muscheln, Schnecken, Korallen und Moos ausgestattet. Aus Marmor und Bronze geformte Drachen, Schlangen und weitere Tiere fungierten als Wasserspeier. Die Ausstattung hat sich allerdings nicht erhalten.

Vom Becken geht ein Kanal aus, in dem die sich kreuzenden Fontänen ein umgekehrtes »W« in Huldigung auf den Bauherrn Wilhelm bilden. Um Becken und Kanal entlang stehen allegorische Figurengruppen und Putten, die von verschiedenen niederländischen und englischen Bildhauern angefertigt wurden: so von Willem Rottermondt aus Den Haag (tätig um 1733 und 1755) die beiden Wasserspeier in Gestalt

Die Wilhelmsthaler Grotte

Das Arkadien im Osten

Während des 17. Jahrhunderts wurde durch jesuitische Reisebeschreibungen von China als dem Land der Glückseligkeit berichtet: Die Dächer der Häuser seien hier

Tapete à la Watteau (Detail), China, vor 1756, Schlafkammer des südlichen Gästezimmers im Mansardengeschoss

aus Gold, die Bevölkerung sei gut ernährt, und auf dem Herrscherthron würde ein Philosoph sitzen. Diese Vorstellung berauschte Europa so sehr, dass Gottfried Wilhelm Leibniz (1646–1716) sogar anregte, man möge eine Weltakademie errichten, in der chinesische Philosophen und Künstler die Europäer unterrichten, hielt man doch die chinesische Kultur der europäischen für überlegen. Dabei wurde »chinesisch«, »japanisch« und »indianisch« synonym gebraucht, und gemeint war die gesamte Kultur des Fernen Ostens.

Im 18. Jahrhundert revidierte man das Bild zunehmend durch neuere, neutralere Reisebeschreibungen, doch hielt man in der höfischen Kultur an der Vorstellung fest, dass das menschliche Dasein im Fernen Osten glücklicher wäre, hier wahrhaft ein irdisches Arkadien herrsche; man sehnte sich in diese Welt des zwanglosen Glücks, der charmanten Intelligenz und der vollendeten Schönheit. In Europa versuchte man, diese Welt nachzubauen. Schloss Wilhelmsthal ist hierfür ein beredtes Zeugnis, war die ursprüngliche Gestaltung doch von »indianischen« Wandbespannungen geprägt, von ostasiatischen Lack- und Porzellanarbeiten. Diese wenigen Zitate reichten dem Höfling des 18. Jahrhunderts bereits aus, sich in ein Land der Glückseligkeit versetzt zu sehen. Noch stärker war dies dann bei den Salons der Menagerie, die noch dazu im Garten einer »maison de plaisance« stand, in der tatsächlich das Leben zwangloser und sorgenfreier war.

von Putten, die auf Schwänen reiten, einzelne Putten und acht Kindergruppen, die unter anderem die vier Elemente verkörpern, sowie die Statuen von Merkur und Venus mit Cupido, die in den Nischen links und rechts des Grottenbaus standen. Jacob Cressant (vor 1695–1757/1766) steuerte zwischen 1747 und 1748 zwölf Kinderfiguren bei und vermutlich Sir Henry Cheere (1703–1781) sitzende Figuren, die ursprünglich vor der Stützmauer standen, später aber ihren Platz am Ende des Kanals fanden.

Die aus Blei gegossenen, vergoldeten Figuren gehören heute zum großen Schatz von Wilhelmsthal. Viele Brunnenanlagen des 18. Jahrhunderts waren ursprünglich mit solchem Schmuck verziert, doch aufgrund der Anfälligkeit des Bleis gingen sie häufig verloren. In Wilhelmsthal waren sie bereits in der ersten Hälfte des 19. Jahrhunderts angegriffen und wurden nach 1868 in den Keller verbracht. Eine Aufstellung im Garten fanden sie erst hundert Jahre später. Derzeit sind sie Bestandteil eines umfangreichen Restaurierungsprojektes.

Der Grotte folgte ein weiteres Wasserbecken, das heute in der Vertiefung des Bodens noch zu erahnen ist. Mittelpunkt war hier der so genannte »Champignon«, ein künstlich angelegter Sprudelbrunnen.

Den dritten Teil der Südachse bildete die Menagerie, die zum Weinberg hin durch eine Kolonnade abgegrenzt war. Im Zentrum des Tiergeheges befand sich ein rechteckiger Ententeich mit zwei Brutinseln, an dessen Schmalseiten ein Balkon bzw. eine Kaskade angelegt war, die sich heute noch in Überresten erhalten haben.

Die eigentlichen Menageriegebäude sollten wertvolle exotische Vögel aufnehmen. Sie befanden sich in vier schlichten Bauten am äußersten Rand der Menagerie. Zwischen 1747 und 1749 ließ man seitlich des Teiches zwei prächtige Lustbauten errichten, die später als »Chinesische« oder »Japanische« Häuser bezeichnet wurden. Die beiden Häuser waren sowohl innen wie außen prachtvoll ausgestattet. Die Durchgänge waren mit Palmenlaub stuckiert, die Decke wie auch die Wände wiesen chinesische Figuren auf, die stuckierten Figuren waren vergoldet. Möbliert waren die Räume als elegante Salons. Die leichte Bauweise der eleganten Lusthäuser wurde ihnen allerdings zum Verhängnis: im Jahr 1800 ordnete Landgraf Wilhelm IX. den Abriss der baufällig gewordenen Chinesischen Häuser an.

Obgleich die Grundanlage mit ihren strengen Achsen an einen französischen Barockgarten erinnert, kann die Wilhelmsthaler Gartenanlage durchaus als ein Rokokogarten verstanden werden; natürliche Elemente wie etwa das Gelände an der Nordachse wurden bewusst mit einbezogen. Dennoch erwies sich der Garten bereits in der zweiten Hälfte des 18. Jahrhunderts als veraltet. Und so ließ schon Friedrich II. Eingriffe vornehmen. Er beseitigte das große Wasserreservoir und legte südlich des Schlosses ein Naturtheater an. Ebenso wurde die Kolonnade an der Menagerie abgetragen und dafür auf der Kuppe des Weinbergs ein kleiner Rundtempel errichtet.

Zu umfangreichen Veränderungen kam es dann unter Landgraf Wilhelm IX. Er ließ 1794 den Kanal vor der Grotte zuschütten und beauftragte seinen Gärtner Carl Friedrich Hentze (1765–1824) mit einer grundlegenden Neugestaltung zu einem Landschaftsgarten nach englischem Vorbild. Hentze folgte den Vorgaben des Garteninspektors Daniel August Schwarzkopf (1738–1817). Gerade erst war zwischen 1785–1793 der Bergpark in Kassel auf der Wilhelmshöhe von Schwarzkopf umgestaltet worden.

Wilhelm Hentze, Entwurf zum Wilhelmsthaler Garten, 1824, MHK, Graphische Sammlung

In Grundzügen wurde das geometrische Wegesystem beibehalten. Die Boskette holzte man ab, und so belebten nur noch lockere Baumgruppen die neu geschaffenen Wiesenflächen. Das Bassin vor dem Schloss und die beiden Bassins hinter der Grotte wurden ihrer Steinfassung beraubt, um ihnen das Aussehen von natürlichen Teichen zu verleihen. Der von Friedrich II. errichtete Rundtempel auf dem Weinberg musste um 1800 einem neogotischen Turm nach einem Entwurf von Simon Louis du Ry weichen.

Vollendet wurde die Anlage dann unter Wilhelm Hentze (1793–1874), der auf Erlass von Kurfürst Wilhelm II. »zur Verbesserung und Verschönerung« der Hofgärten einen Projektplan anlegte. In diesem brachte er einerseits die ursprüngliche Achsensymmetrie wieder stärker zum Vorschein und verstärkte andererseits die malerisch angelegten Baumgruppen auf den Wiesen. Sein Plan ist immer noch Grundlage für die Pflegemaßnahmen der Gegenwart.

Literatur

Gabriele Baumbach: Die Schönheiten- und Ahnengalerie Johann Heinrich Tischbeins d. Ä. in Schloss Wilhelmsthal, in: Frau und Bildnis 1600 – 1750. Barocke Repräsentationskultur an europäischen Fürstenhöfen, hrsg. v. Gabriele Baumbach u. Cordula Bischoff, Kassel 2003, S. 209–243

Heinz Biehn: Restaurierungsarbeiten am Schloß Wilhelmsthal bei Kassel, in: Deutsche Kunst und Denkmalpflege 31, 1973, Heft 1/2, S. 125–130

Friedrich Bleibaum: Die Bau- und Kunstdenkmäler im Regierungs-Bezirk Cassel, Bd. VII, Kreis Hofgeismar, Schloß Wilhelmsthal, Kassel 1926

Friedrich Bleibaum: Schloß Wilhelmsthal und François de Cuvilliés, Jahrbuch der Denkmalpflege im Regierungsbezirk Kassel, Sonderheft 2, Melsungen 1932

Wolf von Both/Hans Vogel: Landgraf Wilhelm VIII. von Hessen-Kassel. Ein Fürst der Rokokozeit, München, Berlin 1986

Stefan Bursche: Tafelzier des Barock, München 1974

China und Europa. Chinaverständnis und Chinamode im 17. und 18. Jahrhundert, Ausstellungskatalog, hrsg. von der Verwaltung der Staatlichen Schlösser und Museen Berlin, Schloss Charlottenburg, Berlin 1973

Carl Allhard von Drach: Von der Grotte in Wilhelmsthal, in: Zeitschrift des Vereins für hessische Geschichte und Landeskunde 43, 1909, S. 97–110

Karl-Heinz Dräger: Romantische Ideallandschaften. Die Wiederentdeckung der Supraporten in Schloß Wilhelmsthal von Christian Georg Schütz dem Älteren, 1718–1791, in: Froschkönige und Dornröschen. Die Pflege der Staatlichen Schlösser und Gärten Hessen im Jahre 1997, Bad Homburg 1997, S. 126–128

Wolfram Einsingbach/Franz Xaver Portenlänger: Calden. Schloss und Garten Wilhelmsthal. Amtlicher Führer, Bad Homburg vor der Höhe, 1980

Gustav Eisentraut: Zur Schlacht bei Wilhelmsthal, in: Hessenland 26, 1912, S. 177 ff.

Dietrich Fabian: Abraham und David Roentgen. Von der Schreinerwerkstatt zur Kunstmöbel-Manufaktur, Bad Neustadt an der Saale 1992

Anna-Charlotte Flohr: Johann Heinrich Tischbein d. Ä. (1722–1789) als Porträtmaler, mit einem kritischen Werkverzeichnis, München 1997

Dietrich von Frank: Die »maison de plaisance«: Ihre Entwicklung in Frankreich und Rezeption in Deutschland, dargestellt an ausgewählten Beispielen, München 1989

Literatur

Fabian Fröhlich: Wo ungestört der Lenz regiert. Schloss Wilhelmsthal bei Calden, München, Berlin 2008

Karl-Heinz Gauler / Jürgen Damm: Landgrafschaft Hessen-Cassel im Siebenjährigen Krieg. Zinnfiguren-Sammlung Dipl.-Ing. Karl Herzfeld im Schloss Wilhelmsthal, Vellmar 2003

Otto Gerland: Paul, Charles und Simon Louis Du Ry. Eine Künstlerfamilie der Barockzeit, Stuttgart 1895

Claudia Gröschel: Wilhelm Hentze (1793–1874). Ein Gartenkünstler des 19. Jahrhunderts. Teil 2: Innovation und Erhaltung, in: Die Gartenkunst 12, 2000, Heft 1, S. 1–41

Rudolf Hallo: Zur Vorgeschichte des Schloßbaus von Wilhelmsthal, in: Jahrbuch für Kunstwissenschaft 5, 1930, S. 64–83

Edelgard Handke (Bearb.): Japanisches Porzellan. Bestandskatalog der Verwaltung der Staatlichen Schlösser und Gärten Hessen, Bad Homburg vor der Höhe 1992

Hermann Adolf Hille: Wilhelmsthal, in einer Ode besungen, Cassel 1756

Siegfried Hoß: Vom wenig bekannten Lustgarten zum Welterbe. Diplomarbeit, Kassel 2006

Johann Heinrich Tischbein d. Ä. Ausstellungskatalog, bearb. v. Marianne Heinz u. Erich Herzog, hrsg. von Staatliche Kunstsammlungen Kassel, Kassel 1989

Ulrika Kiby: Exotismus – Die Faszination fremder Welten, in: Das Ideal der Schönheit. Rheinische Kunst in Barock und Rokoko, hrsg. v. Günther Zehnder, Köln 2000, S. 71–90

Carola Klinzmann / Brigitte Hartmann: Mit fremden Federn. Technologie, Schäden und Restaurierung an der Pfauenfederkommode, in: Restauro 2012, Heft 3, S. 12–20

Wolfram Koeppe (Hrsg.): Extravagant Inventions. The Princely Furniture of the Roentgens, Ausstellungskatalog, Metropolitan Museum of Art, New York 2012

König Lustik!? Jérôme Bonaparte und der Modellstaat Königreich Westphalen, Ausstellungskatalog, hrsg. von der Museumslandschaft Hessen Kassel, München 2008

Die Künstlerfamilie Nahl. Rokoko und Klassizismus in Kassel, Ausstellungskatalog, bearb. v. Sabine Fett u. Michaela Kalusok, hrsg. von Staatliche Kunstsammlungen Kassel, Kassel 1994

Blanka Linnemann: Tischlein deck dich …! Zur Neugestaltung der Tafel im Speisesaal von Schloß Wilhelmsthal bei Calden, in: Froschkönige und Dornröschen. Die Pflege der Staatlichen Schlösser und Gärten Hessen im Jahre 1997, Bad Homburg 1997, S. 111–117

Uta Löwenstein: Höfisches Leben und höfische Repräsentation in Hessen-Kassel im 18. Jahrhundert, in: Zeitschrift für hessische Geschichte und Landeskunde 106, 2001, S. 37–50

Petra Martina Martin: Die Wasseranlagen im Schlosspark Wilhelmsthal, in: Technik und Zauber historischer Wasserkünste in Kassel. Von den Kaskaden Guernieros zu den Wasserfällen Steinhöfers, hrsg. v. Albrecht Hoffmann u. Helmuth Schneider, Kassel 2000, S. 106–129

Louis Sébastien Mercier: Mein Bild von Paris, Leipzig 1979

Hans Philippi: Landgraf Karl von Hessen-Kassel. Ein deutscher Fürst der Barockzeit, Marburg 1976

Porzellan aus China und Japan. Die Porzellangalerie der Landgrafen von Hessen-Kassel, hrsg. von Staatliche Kunstsammlungen Kassel, Berlin 1990

Iris Reepen/Edelgard Handke (Bearb.): Chinoiserie. Möbel und Wandverkleidungen. Bestandskatalog der Verwaltung der Staatlichen Schlösser und Gärten Hessen, Bad Homburg vor der Höhe/Leipzig 1992

Friederike Schmidt-Möbus: Von denen Divertissements der großen Herren. Schloß Wilhelmsthal: Gesamtkunstwerk im Rokoko, Diss., Göttingen 1995

Friederike Schmidt-Möbus: Die Grotte im Park von Schloß Wilhelmsthal, in: Zum Maler und zum großen Architekten geboren. Georg Wenzeslaus von Knobelsdorff 1699–1753, Ausstellungskatalog, hrsg. von der Generaldirektion der Stiftung Preußische Schlösser und Gärten Berlin-Brandenburg, Berlin 1999, S. 127–132

Bernhard Schnackenburg: François de Cuvilliés und Georg Wenceslaus von Knobelsdorff, zwei Antipoden der Rokoko-Architektur in Wilhelmsthal bei Kassel, in: Kunstchronik 50, 1997, S. 593–599

Justus Schüler: Der Tiergarten bei Wilhelmsthal, in: Heimatjahrbuch für den Kreis Hofgeismar, 1951, S. 67–70

Barbara Steuernagel: Möbelsuche in Schloß Wilhelmsthal. Das erste Appartement im Kirchflügel soll wieder eingerichtet und der Öffentlichkeit zugänglich gemacht werden, in: Froschkönige und Dornröschen. Die Pflege der Staatlichen Schlösser und Gärten Hessen im Jahre 1997, Bad Homburg 1997, S. 118–125

Literatur

Barbara Stollberg-Rilinger: Maria Theresia. Die Kaiserin in ihrer Zeit, München, 2017

Petra Tiegel-Hertfelder: »Historie war sein Fach«. Mythologie und Geschichte im Werk Johann Heinrich Tischbeins d. Ä. (1722–1789), Worms 1996

Friederike Wappenschmidt: Der Traum von Arkadien: Leben, Liebe, Lust und Farbe in Europas Lustschlössern, München 1990

Michael Wenzel: Heldinnengalerie – Schönheitengalerie. Studien zur Genese und Funktion weiblicher Bildnisgalerien 1470–1715, Diss., Heidelberg 2001

Kerstin Zaschke: Die Pfauenfederkommode in Schloß Wilhelmsthal, Calden. Eine Untersuchung betreffend Herkunft, Konstruktion und Materialien, unveröffentlicht, Verwaltung der Schlösser und Gärten Hessen 1992

Abbildungsnachweis

Bayerische Schlösserverwaltung, Rainer Herrmann/Markus Traub, München: S. 20

Manfred Bogner: S. 60

bpk / RMN - Grand Palais / Daniel Arnaudet: S. 35

Hochschule für Musik und Theater „Felix Mendelssohn Bartholdy" Leipzig, Hochschulbibliothek: S. 72

Martin Luther: S. 87 (oben)

MHK (Gabriele Bößert): S. 69

MHK (Ute Brunzel): S. 17, 19, 25, 27, 28, 31, 34, 37, 40, 61, 62, 70, 73, 82, 89 (oben), 92, 93, 99

MHK (Carola Burosch): S. 89 (unten)

MHK (Arno Hensmanns): S. 22, 49

MHK (Werner Jagott): S. 94/95

MHK (Mirja Löwe): S. 4, 42, 44/45, 46, 48 (unten), 50, 51, 52, 53, 55, 56, 58, 59, 64, 66, 67, 68, 71, 74/75, 77, 78/79, 81, 83, 84, 90, 96

MHK (Margit Matthews): S. 47, 48 (oben)

MHK (Volker Straub): S. 14/15

Reproduktion aus: Bleibaum 1926, Tafel 45: S. 29

Reproduktion aus: Museumslandschaft Hessen Kassel 2008, S. 285: S. 87 (unten)